Introduction
à la pensée de Marx

Denis Collin

Introduction
à la pensée de Marx

Éditions du Seuil
25, bd Romain-Rolland, Paris XIVᵉ

OUVRAGE PUBLIÉ SOUS LA DIRECTION ÉDITORIALE
DE JACQUES GÉNÉREUX

ISBN 978-2-02-138456-7

www.seuil.com

Pour Marie-Pierre,
philosophe, lectrice et critique attentive,
mon âme sœur.

Avant-propos

Le 14 mars 1883, Karl Marx meurt à Londres. Il est inhumé au cimetière de Highgate, auprès de sa femme Jenny von Westphalen, décédée deux ans auparavant. Son œuvre majeure, *Das Kapital*, reste irrémédiablement inachevée. Le livre I a bien été publié en allemand puis dans la traduction française de Joseph Roy (1875), mais la suite est un amoncellement de manuscrits parfois difficiles à lire et qu'Engels publiera sous les intitulés de livres II et III du *Capital*, et un « livre IV » (*Théories sur la plus-value*) sera édité par Karl Kautsky. Quelques années plus tard commence à se construire le marxisme, qui devient la doctrine officielle du mouvement ouvrier naissant, emmené par le parti social-démocrate allemand (SPD) et ses principaux théoriciens, Engels, Kautsky ou Bebel. Le marxisme deviendra l'idéologie officielle des régimes dits « socialistes », de l'URSS à la Chine. Il dominera une bonne partie du XXe siècle avant de disparaître dans les gravats du mur de Berlin, la dislocation des grands partis communistes et la décomposition de la social-démocratie.

Le destin du marxisme semble scellé. Mais celui de Marx ? Rousseau, reprenant Platon (*République*, livre X), évoque la statue de Glaucus « que le temps, la mer et les orages avaient tellement défigurée qu'elle ressemblait moins à un dieu qu'à une bête féroce ». La pensée de Karl Marx pourrait bien ressembler à la statue du dieu marin. Si on veut bien nettoyer la statue, la débarrasser des coquillages et des algues qui la cachent, on retrouvera la figure d'un des grands penseurs de la philosophie occidentale, l'inventeur de la « philosophie sociale ». Deux siècles après sa naissance, Marx peut encore nous apprendre beaucoup de choses sur notre société. Sa « critique de l'économie politique » nous aide à exhiber les présuppositions inavouées de la « science économique » dominante. Ce n'est pas un philosophe de l'âge de la machine à vapeur, mais un penseur pour aujourd'hui, un des plus actuels, nous permettant de penser de manière critique notre société, dans toutes ses dimensions.

Lire Marx en français aujourd'hui est compliqué. Il n'existe aucune édition complète des œuvres de Marx. L'édition des *Œuvres* dans « La Bibliothèque de la Pléiade » a été interrompue avec la mort de Maximilien Rubel. Les Éditions sociales, après avoir disparu, tentent de renaître, mais une bonne partie des ouvrages est épuisée... Il nous a fallu renoncer à recourir à un corpus éditorial unifié et nous résigner à prendre ici et là nos références, en tenant compte de la qualité de la traduction ou de l'accessibilité. Signalons tout de même qu'un grand nombre d'ouvrages de Marx sont accessibles sur le site Marxists Internet Archives (www.marxists.org).

1

Marx en son temps

> « *Permettez-moi de regarder ma vie comme je regarde la vie en général, c'est-à-dire comme l'expression d'une activité intellectuelle se développant dans toutes les directions, en sciences, en arts et dans la sphère privée.* »
>
> Lettre de Karl Marx
> à son père Heinrich Marx,
> 10 novembre 1837.

Karl Marx est né le 5 mai 1818 à Trèves (Trier) en Rhénanie, dans une famille d'origine juive. Son grand-père était rabbin, mais son père Heinrich, avocat libéral, s'était converti au protestantisme évangélique, pour échapper à la dégradation de la situation des Juifs après la défaite de Napoléon et le rattachement de la Rhénanie à la Prusse. Les enfants Marx recevront le baptême évangélique en 1824. Quel rapport Marx entretiendra-t-il avec le judaïsme ? *La Question juive*, un article publié en 1843 en réponse à l'ouvrage éponyme de Bruno Bauer, est précisément une entreprise de liquidation de la question

juive comme question spécifique. L'émancipation du
Juif, c'est l'émancipation de l'homme en général. Il n'y a
rien d'autre à chercher ! Pour autant, les rapports de Marx
avec le judaïsme ne sont pas complètement éclaircis.
Certaines formules de *La Question juive* ont permis d'ins-
truire un procès très anachronique en antisémitisme : un
Juif travaillé par la haine de soi, voilà ce que serait Marx.
Daniel Bensaïd a fait justice de ces accusations dans les
commentaires qui accompagnent la réédition de ce texte
aux éditions de la Fabrique. Du reste, quand le communisme d'inspiration marxiste ou marxienne commencera
à menacer le vieux monde, c'est le Juif Marx qui sera
mis en cause, comme l'un des instigateurs de ce vaste
complot juif fantasmé par tous les propagandistes de
l'antisémitisme.

Naissance d'un philosophe engagé.
Philosophie et démocratie radicale

Le jeune Marx entre au lycée de Trèves en 1830 et passe
avec succès l'examen de maturité de 1835. Sa composition
allemande s'intitule *Méditation d'un adolescent devant le
choix d'une profession* et on y peut lire (rétrospectivement)
quelques-unes des lignes fondamentales qui guideront sa
vie d'adulte : « Nos rapports avec la société ont, dans une
certaine mesure, commencé avant que nous puissions les
déterminer. [...] L'idée maîtresse qui doit nous guider dans
le choix d'une profession, c'est le bien de l'humanité et
notre propre épanouissement. [...] La nature de l'homme
est ainsi faite qu'il ne peut atteindre sa perfection qu'en
agissant pour le bien et la perfection de l'humanité[1]. »

1. Cité par Maximilien Rubel, *in* Karl Marx, *Œuvres* I,
Gallimard, « Bibliothèque de la Pléiade », 1963, p. LVII (désormais
citée comme *Œuvres*).

Certes, il ne faut pas faire dire plus qu'il ne dit à cet écrit scolaire d'un tout jeune homme. Mais on ne peut manquer d'être frappé d'y trouver la marque de ce profond humanisme de Marx.

En 1835, Marx commence ses études de droit à Bonn et il y obtient un certificat de fin d'études. Pendant l'été 1836, il se fiance secrètement avec Jenny von Westphalen, une jeune femme, de quatre ans son aînée, dont le père est un conseiller de régence prussien et la mère une descendante d'une famille de très vieille aristocratie écossaise. Si Jenny a un ancêtre rebelle, décapité pour s'être opposé à Jacques II, son demi-frère, Ferdinand von Westphalen, sera ministre de l'Intérieur du royaume de Prusse...

En octobre 1836, Marx s'inscrit en droit à Berlin et suit les leçons de Savigny – le principal représentant de l'école historique du droit – et les cours de droit criminel de Gans – disciple et éditeur de Hegel. À partir de 1837, il fréquente simultanément des cours d'histoire et de philosophie. Il lit Hegel et se lie avec quelques-uns de ses disciples, notamment les frères Bauer, Bruno et Edgar. Ces « Jeunes hégéliens » sont souvent en même temps des critiques de Hegel. Marx se débat également avec l'idéalisme allemand, celui de Kant et de Fichte, et c'est à ce moment-là qu'il en vient à « commencer de rechercher l'idée dans le réel », comme il le dit dans la lettre à son père que nous avons citée plus haut. Il entreprend ainsi de renverser la philosophie idéaliste de ces maîtres éminents qui dominent l'Université.

En 1839, le jeune Marx consacre son premier travail à la philosophie hellénistique. Il s'agissait de produire un travail sur les philosophies épicurienne, stoïcienne et sceptique, en vue d'obtenir une chaire à Bonn, comme son aîné et ami Bruno Bauer l'avait fait. De fait, ce travail se limitera à sa thèse de doctorat sur *La Différence de la philosophie de la nature chez Démocrite et Épicure*, dont la rédaction est terminée en 1841, un texte dont nous ne disposons que partiellement. Ce travail n'est pas seulement un « pensum » scolaire. Il est inaugural : quelques-uns des thèmes fondamentaux de la pensée de Marx s'y trouvent déjà. Mais cette filiation avec Démocrite et Épicure est un peu particulière : contre le strict déterminisme naturel, soutenu par Démocrite, qui voudrait que les causes naturelles et les effets s'enchaînent inexorablement, sans laisser à l'homme aucune liberté, Marx prend la défense d'Épicure qui laisse une place à la liberté de la conscience et à la possibilité pour l'homme d'agir sur le monde. On y verra une des sources de ce matérialisme très particulier qu'est celui de Marx.

Depuis cette thèse jusqu'aux derniers textes à proprement parler philosophiques – *La Sainte Famille* et *L'Idéologie allemande* –, il y a une continuité d'inspiration, critique à l'égard de l'idéalisme, mais refusant le matérialisme mécanique. Plus généralement, ce travail exprime le profond attachement de Marx avec la Grèce antique, un lien qui ne sera jamais perdu : *Le Capital* est très largement placé sous le signe d'Aristote (la « source toujours vive »). L'art grec restera pour Marx l'art par excellence. C'est aussi à cette époque que Marx lit Spinoza et Leibniz – deux penseurs qu'il admirera toujours profondément – ainsi que Hume, Kant, etc. Il est déjà connu pour sa vaste culture philosophique et Moses Hess le désigne comme « le plus grand, peut-être le seul philosophe vrai actuellement vivant ». Il est maintenant ouvertement athée, comme son ami Bauer et comme Ludwig Feuerbach avec qui il envisage de publier une revue intitulée *Les Archives de l'athéisme*.

Marx obtient son doctorat en 1841, mais ne trouve pas de poste de professeur. Il développe ses liens avec les « Jeunes hégéliens ». Hegel est mort en 1831 et les disciples se partagent son héritage. Le clivage se fait sur la question de la religion. Hegel se considérait lui-même comme un luthérien orthodoxe et son œuvre voulait réconcilier philosophie et religion. L'un de ses disciples, David Strauss, publie en 1835 une *Vie de Jésus* qui fait grand bruit : il considère les Évangiles comme des récits mythiques et met en cause la résurrection réelle du Christ. Strauss utilise la classification parlementaire française pour définir les divers courants qui se partagent l'héritage hégélien. Les « orthodoxes » sont baptisés du terme de « droite » et ceux qui adoptent les vues de Strauss sont classés à gauche. Il faut cependant se garder de donner une valeur politique à ces classifications théologiques : Gans, éditeur des œuvres posthumes de Hegel, est selon la classification de Strauss un « hégélien de droite », alors qu'il défendra les idées progressistes et socialisantes de Saint-Simon, tandis que Strauss se transformera en conservateur bon teint, notamment lors de la révolution de 1848...

La philosophie se lie à la politique. Dans les milieux libéraux, l'agitation politique commence à se développer au fur et à mesure que la censure se relâche. La version conservatrice du hégélianisme voulait que l'État prussien fût la réalisation de l'État rationnel. Mais la critique de la religion entreprise dans les milieux « jeunes hégéliens » se heurte à la censure. L'État prussien ne ressemble guère à « l'existence effective de la liberté ». La bataille, de philosophique, devient politique. En février 1842, Marx envoie à Arnold Ruge ses *Remarques à propos de la récente instruction prussienne sur la censure*. Mais justement la censure interdit l'article de Marx et la revue, publiée à Dresde, est elle-même suspendue. « Plaidoyer pour la liberté », l'article de Marx, marque le passage à la démocratie radicale. Il sera finalement publié dans la revue *Anekdota* éditée à Zurich par le même Ruge.

Marx poursuit ce combat à Bonn puis à Cologne. Il collabore à un journal fondé par des jeunes bourgeois libéraux, la *Rheinische Zeitung*, dont il prend la direction en octobre 1842. La liberté de la presse, la publicité des débats parlementaires, l'indépendance de l'État à l'égard de la religion : ce sont les questions qui l'agitent à ce moment-là. Friedrich Engels (1820-1895), un jeune homme passionné de philosophie et déjà presque communiste, publie plusieurs articles dans cette revue.

Mais à la démocratie radicale, il faut un fondement théorique. Et si l'hégélianisme peut devenir la philosophie officielle d'un État hostile à la liberté, c'est qu'il doit y avoir un vice caché dans le système du maître. En 1843, Marx entreprend une « révision critique de la philosophie du droit de Hegel », dont il avait annoncé les prémices dans une lettre à Ruge du 5 mars 1842. Le nœud de cette « révision critique », qui devient un véritable règlement de comptes avec l'hégélianisme, est la question de la monarchie constitutionnelle, « phénomène hybride qui se contredit et s'annule d'un bout à l'autre. *Res publica* est intraduisible en allemand[1] ».

La critique du droit politique hégélien reste à l'état de manuscrit. Seule une introduction est publiée à Paris en 1844. C'est qu'entre-temps la pensée de Marx a subi de profondes modifications. Prenant prétexte de deux écrits de Bauer sur la question juive, Marx rédige *À propos de la question juive* (septembre 1843), où est réfutée l'émancipation purement politique – qui ne libère pas l'homme : ce dont il s'agit, c'est de l'émancipation humaine, c'est-à-dire de la suppression de l'État et de l'Argent.

Il faut saisir l'évolution de Marx dans le bouillonnement intellectuel de l'époque. La Révolution française de 1789 avait été accueillie avec enthousiasme par une partie des milieux cultivés allemands. Hegel et ses amis avaient planté un arbre de la liberté. Kant avait défendu la légitimité de la révolution... Avec les conquêtes napoléoniennes, un retournement d'opinion s'est produit, notamment chez Fichte dont les *Lettres à la nation allemande* exaltent l'Allemagne

---

1. Lettre à Ruge, 5 mars 1842, in *Correspondance*, tome I, Éditions sociales, 1997.

contre la France. Mais l'ombre de 1789 continue de hanter les esprits philosophiques allemands. La révolution de 1830 en France, mais aussi les mouvements révolutionnaires un peu partout en Europe – notamment en Pologne – avaient provoqué un nouveau choc intellectuel et politique. La pensée de Marx est donc née sur un terrain particulièrement fertile et les révolutions dans la pensée, qui se produisent au début des années 1840, sont les signes annonciateurs des révolutions politiques et sociales qui constitueront le « printemps des peuples » de 1848.

La critique de la philosophie et le passage au communisme

À partir de 1843-1844, Marx s'engage dans une voie qui le conduit à l'élaboration de sa propre pensée dans ce qu'elle a de véritablement novateur. Poursuivant le travail de réflexion critique de l'héritage hégélien, il procède, à partir de la critique de la philosophie hégélienne, à une critique systématique de la philosophie idéaliste allemande et, du même coup, il doit procéder à la critique de ses amis « jeunes hégéliens » eux-mêmes.

Fin 1843, Marx s'installe à Paris avec sa femme, Jenny, qu'il a épousée en juin de la même année. Il s'y lie d'amitié avec le poète Heinrich Heine et avec les groupes d'immigrés allemands réunis autour du journal *Vorwärts*. Il prend également contact avec la Ligue des justes qui deviendra la Ligue des communistes. C'est pendant l'année 1844 que Marx rallie définitivement la cause du prolétariat et commence à s'impliquer dans les discussions et l'activité des petits groupes du mouvement ouvrier naissant. C'est aussi à cette époque qu'il se met sérieusement à l'étude de l'économie politique en même temps qu'il procède à une relecture critique de la *Phénoménologie de l'esprit* de Hegel. De cette activité nous sont restés les *Manuscrits parisiens* encore appelés *Manuscrits de 1844*, découverts et publiés par David Riazanov dans les années 1930.

Fin 1844, Friedrich Engels s'arrête à Paris, de retour d'Angleterre où sa famille l'avait envoyé pour le compte de la firme paternelle dont une filiale est établie à Manchester. Engels a été empêché par ses parents, qui le destinaient aux affaires, de faire les études de philosophie pour lesquelles il avait marqué une profonde dilection. Préoccupé de questions théologiques, il rompt brutalement avec la religion et devient un athée convaincu. S'il fréquente les cercles des Jeunes hégéliens, il est en même temps, par son expérience professionnelle, un « homme de terrain » comme on dirait maintenant. Sa connaissance de la réalité sociale du mode de production capitaliste[1], dans le pays où il est le plus développé, l'Angleterre, l'a conduit, bien avant Marx, au communisme. Il a donné des articles au *New Moral World*, le journal de l'entrepreneur communiste Robert Owen. Au moment où il retrouve Marx à Paris, il rédige *La Situation de la classe laborieuse en Angleterre*, un « reportage » terrifiant sur l'exploitation de la classe ouvrière, qui sera publié en 1845.

C'est de cette époque que datent l'exceptionnelle amitié et la collaboration politique et théorique entre Marx et Engels. Ils décident d'écrire ensemble un pamphlet contre les Jeunes hégéliens : ce sera *La Sainte Famille*, rédigée en 1845 et dont une dizaine de pages seulement sont d'Engels. À l'idéalisme spéculatif, il s'agit d'opposer l'humanisme réel. Les Jeunes hégéliens, Bauer en tête, restent des idéalistes comme leur maître pour qui l'histoire humaine n'est que la manifestation progressive de l'Esprit qui se révèle à lui-même ; ils mettent l'Esprit

---

1. L'expression « mode de production capitaliste » est bien plus précise que l'expression « capitalisme ». Le capital est le rapport social qui définit le mode de production capitaliste.

à la place de l'individu réel et, en dépit des critiques qu'ils adressent à Hegel, ils ne font finalement que reproduire « en caricature » la spéculation idéaliste. *L'Idéologie allemande,* rédigé en 1846, marque l'aboutissement de cette réflexion : passage au matérialisme philosophique, rupture avec l'hégélianisme et la conception spéculative de l'histoire, définition de sa propre conception de l'histoire, qui sera désignée plus tard comme matérialisme historique. Ce dernier manuscrit est laissé inachevé, abandonné à la « critique rongeuse des souris », faute d'avoir trouvé un éditeur ; il ne sera redécouvert et publié par Riazanov[1] qu'au début des années 1930... Ce bouleversement théorique est étroitement lié à une révision profonde des vues politiques de Marx. Comme Engels, il devient communiste : la philosophie doit être réalisée (devenir réalité) et donc être niée en tant que théorie séparée de la pratique. Et puisque le sujet réel n'est plus l'esprit mais l'homme, la réalisation de la philosophie, ce ne peut pas être autre chose que la réalisation pratique de l'essence humaine, l'homme débarrassé des deux puissances aliénantes par excellence, l'État et l'Argent, c'est-à-dire la propriété capitaliste.

Théorie et pratique. L'époque des révolutions

Dans le même temps Marx et Engels invitent Joseph Proudhon à participer à la construction des « comités de correspondance » qui visent à mettre en relation les socialistes des deux rives du Rhin. Le socialisme et le communisme des années 1840 sont les drapeaux de sectes

1. David Riazanov (1870-1938), militant révolutionnaire et historien. Il est le créateur de la MEGA (Marx-Engels Gesamt-ausgabe), l'entreprise d'édition des œuvres complètes de Marx et Engels. C'est à lui qu'on doit, entre autres, la découverte des manuscrits de *L'Idéologie allemande.* Il est fusillé en 1938 sur ordre de Staline.

vouées à l'impuissance et qui s'enferment volontiers dans les chimères. Le mouvement ouvrier commence par ces petits groupes où fleurissent les utopies, les inventions d'«ingénieurs sociaux» parfois terrifiantes (rétrospectivement), et la religiosité. Tout en les critiquant, Marx et Engels se mêlent parfois à ces mouvements. Ainsi, en 1847, ils adhèrent à la Ligue des justes qu'ils transforment en Ligue des communistes, pour laquelle précisément est écrit le *Manifeste du parti communiste* publié en février 1848. Abandonner les chimères, partir de la compréhension scientifique du réel, voilà la première tâche qui s'impose. «Les philosophes n'ont fait qu'interpréter le monde de différentes manières. Il s'agit maintenant de le transformer», dit la XIᵉ des *Thèses sur Feuerbach* écrites au printemps 1845[1]. Mais si la théorie doit devenir pratique, encore faut-il une théorie scientifique de la société. L'économie politique classique, celle de Petty, Smith, Ricardo et des physiocrates, prétend donner cette connaissance scientifique de la société : la loi de l'intérêt n'est-elle pas «la loi de Newton» de la vie sociale ?

Mais si la seule science est celle de l'histoire – comme l'écrit Marx dans *L'Idéologie allemande*, pour le rayer aussitôt –, l'économie politique présente le gros défaut de dénier son caractère historique, de présenter comme naturel et éternel ce qui n'est qu'une étape d'un processus. Bref, de la critique de la philosophie idéaliste allemande, il faut maintenant passer à la critique de l'économie politique. Les *Manuscrits* dits de 1844 sont la première accumulation de matériaux pour cette critique. La critique de Proudhon – jadis admiré – dans *Misère de la philosophie* (1847) constitue un nouveau jalon de cette entreprise qui maintenant va occuper Marx, sans discontinuer, jusqu'à sa mort. Après l'échec des espoirs d'une révolution imminente en Europe (1848-1851), il se met à étudier

1. Voir *Œuvres* III, *op. cit.*, p. 1029 *sq.*

sérieusement le mode de production capitaliste et théoriquement, par la lecture des économistes, et pratiquement, notamment avec l'aide de son ami Engels, dont la connaissance des mécanismes de fonctionnement du mode de production capitaliste lui est des plus précieuses.

La pensée de Marx est incompréhensible en dehors de ce lien étroit entre critique théorique et critique pratique, en dehors de cette «praxis révolutionnaire[1]». En 1846, Marx prend contact avec Harney, le leader du mouvement chartiste anglais, et c'est le premier lien qui s'établit avec le «mouvement réel» qui seul peut abolir l'ordre existant. Il prend part aux événements révolutionnaires en Allemagne en 1848, en tant que membre de la direction de l'association démocratique. À Cologne, il organise la publication d'un quotidien, la *Neue Rheinische Zeitung* (*NRZ*), dont le premier numéro paraît en juin. Marx donnera plus de 80 articles et Engels une quarantaine. Le dernier numéro de la *NRZ* paraît le 18 mai 1849. La révolution en Allemagne est un échec : l'Allemagne républicaine une et indivisible que voulaient les révolutionnaires ne verra pas le jour. La bourgeoisie allemande est décidément incapable de l'audace dont avait fait preuve la bourgeoisie française. Les considérations sur le retard allemand jouent un rôle important dans l'élaboration stratégique de Marx à cette époque. Dans le même temps, il suit avec passion les événements français, en particulier la révolution de 1848, ce qui donnera *Les Luttes de classes en France*, publié en 1850.

En mai 1849, Marx est expulsé par le gouvernement prussien. Il se rend à Paris avec toute sa famille puis s'établit à Londres. C'est une période qui se clôt pour Marx, qui deviendra définitivement résident britannique. C'est aussi

---

1. Le concept de «praxis» est un concept que l'on trouve d'abord chez Aristote. Il désigne la pratique ou l'action – par opposition à la fabrication (*poiesis*).

la fin des espoirs mis dans une révolution rapide renversant le vieux monde par l'insurrection. Il faudra à Marx de longues années et de longues études pour comprendre la dynamique du mode de production capitaliste. Il faudra attendre aussi plusieurs décennies pour que les organisations plus ou moins conspiratives du mouvement ouvrier balbutiant donnent naissance à des partis de masse et des syndicats craints par la classe dominante.

Londres : au cœur du système-monde du capital

Marx s'établit à Londres avec de nombreux émigrés allemands. Mais il va s'en tenir à distance. Il commence à travailler les questions d'économie politique et se met à étudier systématiquement l'histoire économique. Par ailleurs, il achève les travaux commencés sur les luttes de classes en France. Il cherche en même temps à constituer un parti international des ouvriers en réorganisant la Ligue des communistes, qui avait été dissoute pendant les événements révolutionnaires d'Allemagne. De Londres, il noue des liens avec des Allemands émigrés aux États-Unis et commencera à publier des articles dans la *New York Daily Tribune* qui fut longtemps l'un des quotidiens américains les plus importants.

Londres est un poste d'observation idéal pour qui veut saisir la marche du mode de production capitaliste en train de conquérir le monde entier, pour comprendre l'essence mondiale du capital. La confrontation avec l'économie politique, dont il lui faut absorber le meilleur, donne les lignes de force de l'œuvre majeure de Marx. Les grands économistes, Smith et Ricardo au premier chef, sont britanniques et c'est par la critique de la théorie ricardienne de la rente foncière que Marx entame l'écriture de son «économie». Marx trouve à Londres une documentation d'une richesse incomparable, non seulement dans les ouvrages historiques et théoriques des économistes, mais aussi dans les rapports des inspecteurs de fabrique qui détaillent les conditions de vie terrible du prolétariat britannique de l'époque. Mais c'est aussi de Londres que l'on peut le mieux embrasser tout le développement mondial du capitalisme, puisque la capitale britannique est la capitale de «l'économie-monde» de l'époque. De son côté, Engels, qui avait «disparu» après l'échec de la révolution allemande, retourne en Grande-Bretagne et s'installe à Manchester où il reprend la direction de la filiale anglaise de l'entreprise familiale. Lui rendant visite à Manchester en 1851, Marx établit le plan de son ouvrage en trois volumes: critique de l'économie politique, socialisme, histoire de la théorie économique. C'est le début d'une longue aventure parsemée d'embûches.

De ce projet sortiront des préfaces, des extraits, des introductions, des contributions partielles qui trouveront leur forme achevée dans *Le Capital*. En 1857, il rédige le chapitre de l'argent et en 1858 il travaille à celui du capital, deux chapitres qui formeront la *Contribution à la critique de l'économie politique* publiée en 1859. Le livre I du *Capital* paraît à Hambourg en 1867. Une deuxième édition allemande sera publiée en 1875 avec une importante préface. Mais les volumes suivants resteront à l'état de manuscrit. Marx s'est plongé dans les mathématiques pour tenter de modéliser les lois du développement du capitalisme. Quand on l'interroge sur les voies du développement de la société russe, il se met à apprendre le russe. Les sollicitations les plus diverses viennent encore retarder les travaux. Et quand Marx reprend ce qu'il vient d'écrire après quatre semaines d'interruption, tout lui semble très insuffisant et à retravailler… C'est ainsi que l'œuvre de Marx restera à jamais inachevée.

Le mouvement ouvrier, l'Internationale et les nations

Marx participe directement à la vie politique de son pays d'accueil. Harney publie dès 1850 une traduction anglaise du *Manifeste du parti communiste*. Bientôt participant au conseil central des syndicats britanniques, il ne se limite pas aux « questions sociales » et fait une intervention remarquée sur la politique étrangère avec un pamphlet contre le Premier ministre lord Palmerston (1853), un grand succès de librairie qui ne rapporte pas un penny à son auteur, Marx ayant omis de signer un contrat en bonne et due forme avec son éditeur. L'intéressant dans cette affaire, c'est que la critique contre Palmerston porte principalement sur sa politique conciliatrice à l'égard de la Russie tsariste, bastion de la réaction en Europe. Dans le conflit entre la Russie et l'Empire ottoman, Marx estime que les puissances occidentales devraient se ranger du côté de la Sublime Porte... Dans les articles qu'il écrit pour la presse allemande ou américaine à cette époque, il dénonce également la veulerie de Napoléon III qui veut circonscrire le conflit avec la Russie, alors qu'il faudrait mener une guerre européenne contre l'autocratie. En 1856, il publie les *Révélations sur l'histoire diplomatique du XVIIIe siècle*, un réquisitoire contre les collusions des diplomaties allemandes et russes. Loin de réduire les questions politiques à des affrontements de classe, Marx considère dans toutes ses dimensions la politique internationale comme une sphère autonome de l'action politique. Les rapports entre les nations, la liberté des petites nations opprimées par les empires, les aspirations révolutionnaires des peuples sont des composantes centrales de la politique communiste qu'il cherche à définir. Mais la conclusion à laquelle aboutit Marx est que la bourgeoise en Europe n'est plus capable de ces élans révolutionnaires qui furent ceux de la bourgeoisie française au siècle précédent. Pour sauver ses profits, elle se met volontiers à l'abri des régimes despotiques.

C'est à Londres aussi qu'il participe à la fondation en 1864 de la première Association internationale des travailleurs (AIT) lors d'un grand meeting à Saint Martin's Hall. Réunissant toutes sortes d'organisations très différentes – des socialistes, des anarchistes, des nationalistes révolutionnaires comme les partisans de l'italien Mazzini –, cette réunion reçoit des soutiens inattendus : Napoléon III a aidé au financement de la délégation des ouvriers proudhoniens français. Elle veut coordonner à l'échelle européenne les luttes ouvrières, mais elle accorde aussi une importance cruciale à la défense de l'indépendance de la Pologne et de l'Irlande. Marx rédige l'*Adresse inaugurale* et les statuts provisoires de l'association. Le développement de cette association mais aussi ses querelles internes occupent à partir de cette date une grande partie de son temps.

La Commune de Paris de 1871 marque un tournant : elle est le premier «pouvoir ouvrier», le premier gouvernement qui donne véritablement chair et sang au programme du *Manifeste du parti communiste*. Marx n'est pas favorable à l'insurrection parisienne. Il craint que le solo de la classe ouvrière parisienne ne se transforme en chant funèbre, faute de l'appui de la province et des campagnes. Mais quand le 18 mars s'instaure ce nouveau pouvoir, il le soutient sans barguigner. De cette expérience, Marx tire toute une série de leçons politiques : la Commune est «la forme enfin trouvée de la république sociale». Mais elle a aussi montré les faiblesses du mouvement ouvrier anarchisant et la nécessité d'implanter au cœur même de la vieille société les germes politiques de la nouvelle. Le mouvement ouvrier parisien décimé par la répression versaillaise laisse l'AIT en proie aux querelles de factions. Les membres parisiens de l'AIT étaient très engagés dans le mouvement des communards. L'AIT ne résiste pas à la défaite sanglante. Les divergences s'exacerbent, et Marx et Engels mettent en sommeil l'association. C'est l'Allemagne qui redevient le centre de leurs préoccupations politiques. L'unification des socialistes allemands (« marxistes » et partisans de Lassalle) se fait difficilement. Marx intervient brutalement dans le débat par un texte de grande portée, la *Critique du programme de Gotha* (1875).

De son poste d'observation londonien, Marx analyse les transformations sur le long terme qui affectent l'Europe tout entière. Le « printemps des peuples » en Europe avait marqué un épisode révolutionnaire qui fait place à une longue période de stabilisation, qui nourrit à son tour les explosions futures dont la guerre franco-prussienne de 1870-1871. La période qui suit se traduit par une consolidation de la démocratie en Europe au point que Marx envisage la possibilité d'une transition pacifique au socialisme. C'est une période où le mouvement ouvrier commence un peu partout à être légalisé : en 1864, Napoléon III a aboli le délit de coalition, qui réprimait toute organisation des ouvriers depuis la loi Le Chapelier de 1791, et établi le droit de grève. En 1884, Waldeck-Rousseau légalisera les syndicats. L'idée d'une confrontation brutale et définitive entre capital et travail doit progressivement faire place à une conception plus complexe des processus historiques.

D'une santé chancelante depuis de nombreuses années, Marx meurt le 14 mars 1883. Figure imposante par sa puissance théorique, il influence toute une partie des organisations ouvrières et socialistes de l'époque. Il y a déjà une sorte de « parti Marx ». Mais, de son vivant, Marx avait déjà été confronté à la transformation de sa réflexion théorique en dogme passe-partout. Parlant de certains de ses disciples, il reprenait volontiers la formule de Heine, «J'ai semé des dragons et j'ai récolté des puces[1]». Des marxistes français, il disait: «Tout ce que je sais, moi, c'est que je ne suis pas marxiste.» Mais Marx mort, le «marxisme» va pouvoir se déployer, parfois pour le meilleur, mais le plus souvent pour le pire au point que l'on pourrait bien adopter la formule de Michel Henry: «Le marxisme est l'ensemble des contresens faits sur Marx[2].»

L'époque éclaire la genèse de l'œuvre de Marx: le «long XIXe siècle» (pour parler comme Eric Hobsbawm) déploie toutes les conditions sociales qui permettent l'émergence de nouvelles catégories de la pensée. Mais cela ne fait nullement de Marx un penseur de l'époque de la machine à vapeur, mais le penseur le plus lucide, le plus cohérent et le plus perspicace d'un système historique qui ne trouve peut-être son plein développement, ses formes les plus épurées qu'en ce début du XXIe siècle. C'est précisément ce que nous allons voir dans les chapitres suivants.

1. Dans une lettre à Paul Lafargue du 27 août 1890, Engels écrit: «Ces messieurs font tous du marxisme, mais de la sorte que vous avez connue en France il y a dix ans et dont Marx disait: "Tout ce que je sais, moi, c'est que je ne suis pas marxiste." Et probablement il dirait de ces messieurs ce que Heine disait de ses imitateurs: "J'ai semé des dragons et j'ai récolté des puces"» (in *Marx-Engels et la social-démocratie allemande*, recueil de textes publiés pour la première fois chez Maspero et disponible sur le site MIA).

2. M. Henry, *Marx. I. Une philosophie de la réalité*, Gallimard, 1976, p. 9.

De la démocratie radicale
à la critique de l'économie politique :
la philosophie de la *praxis*

> « *Les philosophes n'ont fait qu'interpréter
> le monde de différentes manières, il s'agit
> maintenant de le transformer.* »
>
> K. Marx, *XIᵉ Thèse sur Feuerbach*, 1845.

Marx commence sa vie politique par la démocratie. Une démocratie radicale et non simplement une démocratie pour les maîtres. Dans l'article de 1842 consacré au « vol des bois » s'ouvre un premier chemin qui le mène au communisme. Il s'agit de penser la démocratie réelle et l'émancipation humaine – et non plus seulement l'émancipation politique. Pour Marx, les « droits de l'homme » proclamés par la Révolution française demeurent des « droits abstraits », qui ne changent en rien l'existence misérable des hommes : la liberté n'existe pas pour le grand nombre réduit à la servitude de la misère et l'égalité de droit entérine les plus grandes inégalités de fait. Ainsi la critique de la démocratie abstraite débouche-t-elle sur la critique pratique de l'économie politique et la revendication du communisme. Commence la grande œuvre de sa vie, la critique de l'économie politique, une critique qu'il faut entendre en trois sens :

– Celui de Kant, il s'agit de la délimitation des conditions de possibilité de l'économie politique ;

– Celui, étymologique, d'une analyse qui passe au crible les théoriciens de l'économie politique (bourgeoise) ;

– Enfin au sens d'une critique qui vise à dépasser l'économie politique.

Des écrits de jeunesse au *Capital*, il y a des changements conceptuels, des rectifications incessantes, mais une inspiration commune : l'émancipation des hommes. Pour le comprendre, on doit commencer par la philosophie qui est le soutènement de l'œuvre tout entière et lui donne sa cohérence. Cette philosophie, nous lui donnerons le nom que lui ont donné les deux grands disciples de Marx en Italie, Antonio Labriola et Antonio Gramsci : « philosophie de la *praxis* ». Et si cette philosophie peut être appelée matérialisme, il s'agit d'un matérialisme très particulier.

La liberté du sujet : le possible[1]

Il y a un fil qu'il ne faut jamais perdre de vue chez Marx : l'unité de la théorie et de la pratique. La pensée doit devenir effective et donc se réaliser. Cela implique que le fatalisme, le déterminisme absolu qui priveraient le sujet de toute liberté effective doivent être écartés. Mais comment peut-on concilier une prise de position

1. Signalons le très important livre de Michel Vadée, *Marx penseur du possible*, éditions Méridien-Klincksieck, 1993, rééd. L'Harmattan, 1998.

matérialiste avec cette idée de liberté du sujet qui semble appartenir au registre de l'idéalisme ? Voilà le défi majeur auquel nous sommes confrontés en essayant de saisir les ressorts de la pensée de Marx.

L'idée reçue, largement diffusée par la tradition marxiste, est la suivante : le jeune Marx était un idéaliste hégélien qui serait devenu matérialiste et peut-être aurait même fini par renoncer à la philosophie pour faire place à ce savoir réel, cette science que serait le «marxisme». Sous des formes différentes et avec toutes les variantes et toutes les querelles byzantines possibles, cette histoire a été racontée par les «partis marxistes». Or cette histoire est fausse.

Tout d'abord, si Marx s'est confronté sa vie durant à la pensée de Hegel, s'il rend hommage à ce «maître éminent» dans la préface de 1875 à la deuxième édition allemande du *Capital*, il n'a jamais été vraiment hégélien et donc jamais vraiment idéaliste. Et s'il était matérialiste, ce n'était pas un matérialisme radical. Ainsi, en 1839 (il n'a que 21 ans), il entreprend une thèse de doctorat sur *La Différence de la philosophie de la nature chez Démocrite et Épicure*, travail universitaire où il se place nettement du côté d'Épicure. Alors que chez Démocrite la nécessité se manifeste comme déterminisme, Épicure considère l'importance du hasard qui rend le choix possible. Marx procède à l'analyse de la philosophie d'Épicure dans son ensemble en s'appuyant sur Lucrèce – «le seul de tous les anciens qui ait compris la physique d'Épicure» – et montre que justement cette philosophie est structurée autour de la «déclinaison» (l'écart aléatoire des atomes par rapport à leur trajectoire) et de ses conséquences. La déclinaison de l'atome en effet constitue l'affirmation de l'autonomie de l'atome contre le mouvement de la chute que lui avait donné Démocrite. Lucrèce met en évidence ici l'apport d'Épicure à l'atomisme en affirmant que la déclinaison «brise les chaînes du destin». Ainsi que le dit Lucrèce : « Enfin si toujours tous les mouvements sont solidaires, si toujours un mouvement nouveau naît d'un plus ancien selon un ordre inflexible, si par leur déclinaison les atomes ne prennent pas l'initiative d'un mouvement qui rompe les lois du destin pour empêcher la succession infinie des causes, d'où vient cette liberté accordée sur terre à tout ce qui respire, d'où vient, dis-je, cette volonté arrachée aux destins… » Mais comment être matérialiste en s'arrachant au destin ?

Marx en tire immédiatement des conclusions générales qui entreront comme des éléments de sa propre philosophie : l'homme cesse d'être un simple produit de la nature lorsqu'il commence à se rapporter à l'autre homme comme n'étant pas une existence différente de la sienne – Hegel dirait : lorsque la conscience reconnaît dans l'autre une autre conscience de soi. On voit se mettre en place la revendication pour l'homme singulier de « briser son existence relative », c'est-à-dire son existence comme chose singulière parmi des choses singulières, pour affirmer l'universalité du genre humain. Cette revendication définit très exactement l'humanisme défendu tant par le jeune Marx que par le Marx de la maturité.

Il y a ici une rupture avec le matérialisme traditionnel qui hypostasie la « matière » comme une chose, une substance, et qui réduit la réalité à une réalité physique obéissant passivement aux lois de la nature physique. Ainsi, le matérialisme marxien se constitue dès le départ, dès les premiers balbutiements de sa pensée propre, comme un matérialisme atypique, un matérialisme critique du matérialisme, non pas un naturalisme, mais un humanisme ! C'est pourquoi le refus des « lois éternelles » deviendra un des thèmes essentiels de son œuvre dite économique. Quelques années après la dissertation sur *La Différence entre la philosophie de la nature de Démocrite et celle d'Épicure* (thèse de doctorat), Marx part en guerre contre la « loi éternelle » de l'exploitation et critique comme non scientifiques, comme idéologues ou apologistes du mode de production capitaliste, ceux qui formulent de telles lois prétendument éternelles. Face aux « lois naturelles », il affirme l'autonomie de l'individu, sa capacité à « résister et combattre » et à briser les chaînes du destin.

La critique de l'aliénation religieuse

Marx donc devient « matérialiste », mais il n'abandonne jamais le point de vue actif, celui qui veut briser les chaînes du destin et met au centre de sa réflexion la question de l'aliénation. Disons d'emblée que le pari est audacieux. D'un point de vue matérialiste naturaliste, le concept d'aliénation n'a aucune place. Les choses sont comme elles sont et il est absurde de référer leur être contingent effectif à une nature qui aurait dû s'exprimer et ne l'a pas fait. La considération de la nature sans adjonction extérieure – c'est ainsi qu'Engels définit le matérialisme – exclut qu'il puisse y avoir aliénation, car il ne peut y avoir d'écart entre l'être effectif et l'idée, de même qu'elle exclut toute liberté du sujet.

En effet, si l'esprit est entièrement soumis aux processus naturels, si la pensée est déterminée comme un épiphénomène des phénomènes naturels, il est impossible de parler de liberté. Si au contraire l'esprit se trouve dans le rapport conflictuel avec ce qui n'est pas lui, mais qu'il peut faire sien théoriquement (par la connaissance) et pratiquement (par le travail et la technique), alors la liberté est quelque chose qui est à gagner dans la *praxis* humaine, tant individuelle que collective.

Ludwig Feuerbach, qui publie *L'Essence du christianisme* en 1841, est un maillon essentiel de la formation de la pensée de Marx. Engels écrit : « Il faut avoir éprouvé soi-même l'action libératrice de ce livre pour s'en faire une idée. L'enthousiasme fut général : nous fûmes tous

momentanément des "feuerbachiens[1]".» On peut mieux
définir la philosophie de Feuerbach en parlant d'humanisme naturaliste : «le sommet de la philosophie est
l'être humain», non la raison abstraite, hypostasiée. C'est
pourquoi « la philosophie est la science de la réalité dans sa
vérité et sa totalité ; mais l'essence de la réalité est la nature
(la nature au sens le plus universel du mot). Les secrets
les plus profonds habitent les choses naturelles les plus
simples : le spéculatif chimérique, soupirant après l'au-delà,
les foule aux pieds. Hors le retour à la nature, point de
salut[2]».

C'est pourquoi à la philosophie spéculative, Feuerbach
substitue une anthropologie. Partant, il faut commencer
par se demander pourquoi l'homme est-il un être religieux
courant après les chimères de l'au-delà. Qu'est-ce que
Dieu ? Rien d'autre que l'essence humaine présentée dans
l'imagination comme une réalité extérieure. Toutes les
caractéristiques attribuées à Dieu ne sont rien d'autre que
les caractéristiques de l'homme en tant qu'être qui pense.
La division entre l'homme et Dieu n'est rien d'autre que
la division de l'homme avec lui-même. Pour comprendre
la méthode de Feuerbach, il faut saisir la manière dont il
analyse «le mystère de l'incarnation», pilier du christianisme selon lequel Dieu s'est fait homme en la personne
de Jésus. L'incarnation n'est ni une pure absurdité ni
quelque chose à quoi il faudrait croire à la lettre. La parole
a du sens. Mais ce sens révèle en même temps l'aliénation
religieuse. L'anthropologie réduit le dogme à ses éléments
naturels, innés en l'homme. Mais en même temps elle
révèle la religion comme la vérité de l'homme devenu
étranger à lui-même. Si Dieu se fait homme, c'est parce

1. F. Engels, *Ludwig Feuerbach et la fin de la philosophie classique
allemande*, vol. 1, Éditions sociales, 1966, p. 23.
2. L. Feuerbach, *Contribution à la critique de la philosophie de
Hegel*, in *Manifestes philosophiques*, 10/18, 1973, p. 74.

que, en réalité, c'est l'homme qui a créé Dieu, Dieu est la projection de l'esprit humain hors de lui-même et, ainsi, en se soumettant à Dieu, l'homme se soumet à son propre esprit devenu étranger à lui-même. C'est ainsi que le christianisme révèle, pour peu qu'on le comprenne, l'essence de toute religion comme aliénation de la nature humaine. Le concept d'aliénation chez Marx est en ce sens directement emprunté à Feuerbach.

Si l'aliénation religieuse est l'aliénation de l'essence humaine, comme l'affirme Feuerbach, alors la première tâche de la philosophie est bien la critique de la religion. Mais Marx en vient à considérer que cette aliénation religieuse n'a pas de réelle autonomie : si l'homme est obligé de se projeter dans un monde imaginaire en dehors du monde réel, c'est d'abord parce qu'il est aliéné dans son existence « terrestre ». La religion est l'expression de la misère humaine et la protestation contre cette misère, ainsi que l'explique l'introduction à la *Critique du droit politique hégélien.* Il ne s'agit donc pas de dénoncer la religion comme moyen de supporter les chaînes de l'esclavage, il s'agit de passer à la critique d'un monde qui a besoin de l'illusion religieuse.

La critique de l'aliénation politique

Ainsi Marx n'en reste pas à la dénonciation d'un monde dans lequel la plus simple humanité se révèle comme totalement antinomique au principe de la propriété privée. L'organisation politique qui permet à ce monde inhumain de durer doit être soumise, elle aussi, au feu de la critique. Marx consacre un long manuscrit aux *Principes de la philosophie du droit* de Hegel. Seule l'introduction en a été publiée du vivant de Marx. C'est un texte fameux : on y trouve la phrase citée toujours partiellement, selon laquelle « la religion est l'opium du peuple ». Ce texte se termine par l'énoncé de ce qui va guider désormais toute la vie de Marx : « En Allemagne, on ne peut briser aucune forme de servitude sans briser toute forme de servitude. L'Allemagne qui fait tout à fond ne saurait se révolutionner sans le faire de fond en comble. L'émancipation de l'Allemand, c'est l'émancipation de l'homme. La tête de cette émancipation, c'est la philosophie, son cœur le prolétariat. La philosophie ne peut devenir une réalité sans l'abolition du prolétariat, le prolétariat ne peut s'abolir sans que la philosophie devienne réalité. »

La critique de la philosophie idéaliste doit donc se transformer en critique de la réalité misérable. La *Critique du droit politique hégélien* (connue aussi sous le nom de « *manuscrit de Kreuznach* ») est un commentaire, paragraphe par paragraphe, du texte de Hegel[1], plus précisément des paragraphes 261 à 312. Le point de départ de la critique de Marx est la question du pouvoir princier : Hegel défend la nécessité que l'État s'incarne dans la figure d'un homme (un roi ou un prince). Contre le monarchisme de Hegel, Marx défend une position démocratique radicale que l'on pourrait rapprocher de celle de Rousseau. Mais ce qui n'est qu'un aspect de la pensée hégélienne devient pour Marx le point de départ d'une critique radicale de l'ensemble de la philosophie de Hegel. Là où Hegel voit identité et unité, unité de la souveraineté princière et de la volonté générale, unité de l'État et de la société civile, unité de l'individu et de la communauté, Marx montre qu'il y a des conflits sociaux et politiques, conflits irréconciliables théoriquement, conflits qui ne peuvent être surmontés que par la lutte et l'activité pratique des individus. Marx se propose donc simplement de renverser la vision idéaliste de la philosophie du droit hégélienne pour retrouver ce que rationnellement les propositions de Hegel signifieraient. Hegel renverse la réalité et Marx se propose de

---

1. *Principes de la philosophie du droit.*

renverser le système de Hegel : l'État n'est donc pas le sujet, mais le prédicat ! Le sujet véritable est constitué par les individualités humaines : ce sont les hommes qui dans leur activité créent l'État, lui donnent sa puissance... et le détruisent. Les hommes existent par l'État soutient Hegel. Mais quand on parle des hommes ici, pour Marx, on ne parle pas de ces hommes abstraits, de « l'Homme », comme dans les théories économiques qui réduisent l'homme à l'*Homo œconomicus*. On parle d'emblée des individus sociaux, qui ne peuvent exister, dans leur singularité, que dans l'ensemble des relations sociales qu'ils nouent. Pris abstraitement, tous les individus sont semblables, des sortes d'automates rationnels cherchant à maximiser leur utilité, comme disent les économistes néoclassiques, leurs différences ne sont que pure contingence. Mais c'est seulement dans leurs relations sociales que les individus se particularisent et donc les particularités sont toujours sociales. Partir des « sujets réels » : voilà le thème essentiel du *Manuscrit* à partir duquel Marx articule une philosophie politique nouvelle. Le réel concret, c'est le peuple, et l'État est une abstraction ! Ainsi « la démocratie est la vérité de la monarchie » : même la monarchie n'existe que parce que le peuple en reconnaît l'autorité. Mais, ajoute Marx, « la monarchie n'est pas la vérité de la monarchie[1] ». Autrement dit, la monarchie n'est qu'une forme contingente du pouvoir politique et non son essence. Comme Spinoza (voir *Traité théologico-politique*, chapitre XVI) et Rousseau (voir *Du contrat social*), Marx affirme : « La démocratie est l'*énigme* résolue de toutes les constitutions. »

Marx applique à la doctrine politique de Hegel le traitement que Feuerbach fait subir à la religion : « De même que la religion ne crée pas l'homme, mais que l'homme crée la religion, ce n'est pas la constitution qui crée le peuple, mais le peuple qui crée la constitution. Sous

---

1. *Œuvres* III, *op. cit.*, p. 901.

un certain rapport, la démocratie est à toutes les autres formes politiques ce que le christianisme est à toutes les autres religions. » Le christianisme en organisant le culte de l'homme déifié (le Christ, le « fils de l'homme » est le fils de Dieu) révèle ce qu'est l'essence du christianisme et du même coup ce qui est masqué dans les autres religions. Identiquement, la démocratie révèle l'essence de toute constitution, y compris les constitutions monarchiques.

Mais Marx va un peu plus loin encore : l'État n'est pas une réalité éternelle, mais une forme historique et qui, comme telle, peut fort bien être dépassée. « L'*État comme tel*, cette abstraction, n'appartient qu'aux Temps modernes parce que la vie privée, cette abstraction, n'appartient qu'aux Temps modernes. L'*État politique*, cette abstraction, est un produit moderne[1]. » Reste à comprendre pourquoi c'est seulement à un certain stade du développement social et économique qu'on commence à penser « l'État comme tel ». La critique de Hegel devra donc trouver son achèvement dans une théorie de l'histoire, qui inclut la compréhension des représentations que les individus se font de leur propre réalité sociale, autrement dit une théorie qui rende compte de la théorie.

Comme dans son essence le pouvoir politique est le pouvoir des individus qui forment le peuple, la critique de la monarchie comme aliénation du pouvoir politique débouche sur la critique de l'appareil d'État et du pouvoir bureaucratique dont Hegel avait fait la théorie. À la défense hégélienne de la bureaucratie, Marx oppose une critique en règle du « pouvoir gouvernemental » sous sa forme bureaucratique : « L'autorité est le principe de son savoir, l'idolâtrie de l'autorité sa conviction. Mais à l'intérieur de la bureaucratie, le *spiritualisme* se change en *grossier matérialisme*, en obéissance passive, en culte de l'autorité, *en mécanisme* d'une pratique formelle et figée. Quant à l'individu, il fait

1. *Œuvres* III, *op. cit.*, p. 904.

de l'État son but privé : c'est *la curée des postes supérieurs, le carriérisme*[1]. » Ainsi, la critique marxienne de la bureaucratie est-elle une partie intégrante de la critique de l'État. « La suppression de la bureaucratie n'est possible que si l'intérêt général devient réellement l'intérêt particulier et non, comme chez Hegel, uniquement en pensée dans l'abstraction. Cela n'est possible que si l'intérêt *particulier* devient réellement *l'intérêt général*[2]. »

Comment l'identité de l'intérêt particulier et de l'intérêt général est-elle possible ? Elle ne peut être réelle que si les individus ne sont pas divisés en classes antagoniques, s'ils peuvent réellement avoir tous des intérêts particuliers convergents. La bureaucratie d'État est rendue nécessaire par la division de la société en classes dont les intérêts ne peuvent être « conciliés » que par le principe d'autorité et l'obéissance mécanique. L'État abstrait de la société civile, posé face à elle, ce sera, en 1852, l'État bonapartiste. Et parce qu'il pense ce phénomène nouveau à partir des années 1850, Marx en viendra à la conclusion que le prolétariat doit « briser » la vieille machine d'État.

Nécessité de la critique de l'économie politique

L'homme devenu pleinement lui-même, c'est lui qui se trouve au centre des *Manuscrits de 1844*. Tout d'abord, Marx réfute la prétention de l'économie politique à être une science des rapports sociaux et de l'échange. Elle est la science de « l'enrichissement », dit-il dans une note de lecture consacrée à Adam Smith. Mais la richesse, pour l'économie politique, s'identifie à la propriété privée. Donc « il n'y a pas d'économie politique sans propriété privée[3] ».

1. *Ibid.*, p. 922. C'est moi qui souligne.
2. *Ibid.*, p. 923. C'est moi qui souligne.
3. *Manuscrits de 1844*, in *Œuvres* II, *op. cit.*, p. 7.

Du même coup, il apparaît que l'économie politique est incapable d'expliquer la propriété privée, puisque c'est justement cette dernière qui en est le principe. C'est donc hors de l'économie politique qu'on peut trouver le secret de la société bourgeoise. La critique de l'économie politique doit ainsi déboucher sur une nouvelle connaissance scientifique de la réalité, sur cette science de l'histoire. Mais la véritable critique de l'économie politique, c'est la critique pratique, celle qui abolit l'état des choses dont l'économie politique est l'expression. Il est évident, dit Marx, que « l'arme de la critique ne saurait remplacer la critique des armes[1] » ; la force matérielle ne peut être abattue que par la force matérielle.

Marx esquisse ici quelques thèmes qu'il ne cessera d'approfondir. De même que chez Feuerbach, la puissance de Dieu n'est rien d'autre que la puissance aliénée de l'homme, de même, dans cette première ébauche de la critique de l'économie politique, la puissance de l'argent est-elle conçue comme aliénation de l'activité humaine. Dans les deux cas, l'homme se prosterne devant les créations de son propre esprit, de sa propre activité. « Ce qui, de prime abord, caractérise l'argent, ce n'est pas le fait que la propriété s'aliène en lui. Ce qui y est aliéné, c'est *l'activité médiatrice*, c'est le mouvement médiateur, c'est l'acte humain, social, par quoi les produits de l'homme se complètent réciproquement ; cet acte médiateur devient la fonction d'une *chose matérielle* en dehors de l'homme, une fonction de l'argent[2]. »

Ce qui revient à l'activité humaine (à la pratique) est attribué à une chose matérielle qui se trouve donc maintenant douée des propriétés de l'individu vivant, qui condense en elle les rapports que les hommes nouent

1. *Pour une critique de la philosophie du droit de Hegel*, in *Œuvres* III, *op. cit.*, p. 390.
2. *Ibid.*, p. 17.

entre eux dans la vie sociale et dans la production de leurs moyens d'existence. Ce par quoi les «produits de l'homme se complètent réciproquement», c'est la division du travail et l'ensemble des règles et institutions qui lui permettent de fonctionner. Mais, sur le marché, la division du travail disparaît pour ne laisser que le miraculeux pouvoir de l'argent d'échanger valeur contre valeur. La genèse de l'argent reprend, trait pour trait, la genèse de Dieu chez Feuerbach : «À travers ce médiateur étranger, l'homme au lieu d'être lui-même le médiateur pour l'homme, aperçoit sa volonté, son activité, son rapport avec autrui comme une puissance indépendante de lui et des autres. Le voilà donc au comble de la servitude. Rien d'étonnant que le médiateur se change en un vrai dieu, car le médiateur règne en vraie puissance sur les choses pour lesquelles il me sert d'intermédiaire. Son culte devient une fin en soi[1].»

La critique du fétichisme de l'argent et de l'inversion de l'ordre des valeurs qu'il induit n'a rien de nouveau. C'est un thème classique de la philosophie que Marx vide de son contenu moralisateur pour expliquer la «superstition de l'argent» comme produit des formes spécifiques dans lesquelles les hommes eux-mêmes règlent leurs échanges, c'est-à-dire comme résultat nécessaire du système de la propriété privée. De là vient l'identité de la religion et de l'économie politique. Les Évangiles somment l'homme de choisir entre Dieu et Mammon (c'est-à-dire l'argent)[2]. Marx montre qu'en vérité ils sont la même chose considérée sous deux angles différents.

L'économie politique ne peut cependant pas être balayée d'un revers de main. En tant que «science de l'enrichissement», elle révèle aussi le mouvement réel de la société, du moins en est-il ainsi pour l'économie classique

---

1. *Ibid.*
2. «Vous ne pouvez servir Dieu et Mammon» (Matthieu, 6 : 24).

que Marx distingue de l'économie «apologétique». Sur quoi doit donc porter la critique? L'économie transforme en fait de nature intemporel ce qui n'est qu'une phase historique: voilà le reproche majeur qui doit être fait à Smith, Ricardo, etc. Donner pour l'essence humaine ce qui n'est que le produit d'un certain «mode du commerce humain», c'est-à-dire de certains rapports sociaux et d'un certain mode de production, à une certaine époque historique, telle est la faute majeure de ces auteurs. Il faut admettre que cette «forme aliénée des rapports sociaux» n'a pas toujours existé et en déduire qu'elle n'existera pas toujours. Il est donc nécessaire de construire une théorie de la succession des «modes du commerce humain» et en déduire une perspective historique.

Le travail et l'essence humaine

L'économie politique est tout à la fois l'exposition et l'apologie du travail aliéné, c'est-à-dire d'un mode du travail qui représente la négation la plus brutale de la nature humaine. La philosophie moderne (Locke, par exemple) et l'économie politique proclament que le travail est la source de toute richesse et le fondement ultime de tout droit de propriété. Mais cette proclamation officielle de la valeur du travail contredit les rapports réels qui existent entre les hommes dans la société bourgeoise: «Alors que, d'après l'économiste, c'est seulement grâce au travail que l'homme augmente la valeur des produits naturels, que le travail est sa propriété active, d'après la même économie politique le propriétaire foncier et le capitaliste qui, en tant que tels, ne sont que des dieux privilégiés et oisifs, sont partout supérieurs à l'ouvrier et lui imposent sa loi[1].» Cette contradiction entre le discours

1. *Manuscrits de 1844*, in *Œuvres* II, *op. cit.*, p. 44.

et la réalité ne fait pas de l'économie politique un simple camouflage, un mensonge des classes dominantes pour légitimer leur domination. À sa manière et sans le vouloir, l'économie politique expose la contradiction fondamentale du mode de production capitaliste, la scission entre le travailleur et son travail : l'ouvrier est séparé du moyen de travail et du produit de son travail et cette séparation est le travail aliéné qui trouve sa forme sociale dans l'opposition entre le travail d'un côté, le capital et la propriété foncière de l'autre.

Marx considère la question de l'aliénation du travail comme essentielle parce qu'il y a un lien organique, une unité «entre toute cette *aliénation* et le système de l'*argent*[1]». De cette aliénation, Marx donne trois définitions qui sont autant de moments du développement du concept.

En premier lieu, le produit du travail s'oppose au travailleur comme un être étranger, «comme une puissance indépendante du producteur». Marx admet, comme Hegel, la valeur éminente du travail comme ce par quoi l'homme trouve sa propre réalisation. Mais ici, il ne s'agit pas du travail en général. Il s'agit de définir le travail «dans les conditions de l'économie politique», c'est-à-dire dans les conditions du mode de production capitaliste. En général, si on se place d'un point de vue anhistorique, la réalisation du travail est la matérialisation de l'activité du travailleur, celui-ci se reconnaît dans son produit, car c'est « son » produit, celui de son activité consciente qui vise à ôter à la nature son caractère farouchement étranger comme le dirait Hegel. Mais il en va tout autrement quand le procès de production est celui du mode de production capitaliste. «Dans les conditions de l'économie politique, cette réalisation du travail apparaît comme la *déperdition* de l'ouvrier, la matérialisation comme perte et comme servitude matérielles, l'appropriation comme aliénation,

---

1. *Ibid.*, p. 57.

comme *dépouillement*[1]. » Dans les « conditions de l'économie politique », c'est-à-dire dans le mode de production
capitaliste, l'appropriation est dépouillement parce que
l'appropriation est du côté du capitaliste et du propriétaire foncier qui s'approprient le produit du travail du
travailleur et qui se dressent face à lui comme ses maîtres.

Ainsi, loin de trouver sa réalité dans le travail, le
travailleur s'y perd. Il est précipité dans une condition
infrahumaine et, lui qui produit tout, manque de tout, à
commencer par le nécessaire : « La réalisation du travail se
manifeste comme déperdition de la réalité, au point que
l'ouvrier est privé de sa réalité jusqu'à en mourir d'ina-
nition[2]. » Dans le travail, le travailleur donne une forme
objective à sa propre activité sous la forme du produit
du travail. Ce processus d'objectivation est le moyen par
lequel l'homme se retrouve lui-même dans le résultat de
sa propre activité. Du moins est-ce là l'essence du travail
comme réalité « anhistorique ». Mais dans le mode de
production capitaliste ce processus se retourne en son
contraire. L'objectivation que produit le travail est la perte
du travailleur. « L'objectivation se révèle à un tel point la
perte de l'objet que l'ouvrier est spolié des objets indispensables non seulement pour vivre, mais aussi pour
travailler[3]. » En termes philosophiques, Marx exprime ce
que son ami Engels montre à partir de sa propre expérience
dans *La Situation de la classe laborieuse en Angleterre* (1845).

En deuxième lieu, l'aliénation concerne l'acte de
production lui-même. En quoi consiste la dépossession
dont le travailleur est victime « dans les conditions de
l'économie politique actuelle » ? Le travail est *extérieur* au
travailleur ; c'est un travail *forcé* et non volontaire ; le travail
n'est qu'un *moyen* au service d'une fin étrangère. Ces trois

---

1. *Ibid.*, p. 58. C'est moi qui souligne.
2. *Ibid.*
3. *Ibid.*

caractéristiques définissent *a contrario* ce que devrait être une activité productrice conforme à l'essence humaine : une activité dans laquelle l'homme peut s'affirmer (déployer toutes les potentialités qui sommeillent en lui) ; une activité *libre* et, enfin, une activité qui est une *fin en soi*. L'aliénation réside dans le fait que l'activité du travailleur appartient à un autre. L'aliénation de soi découle de l'aliénation de l'objet. Mais elle produit à son tour une véritable inversion du sens de la vie humaine. Si le travail est ce qui appartient en propre au genre humain, s'il est ce par quoi il manifeste son humanité face à l'ensemble du monde naturel, alors le travail aliéné, le travail forcé, vide le travailleur de son humanité. « On en vient à ce résultat que l'homme (l'ouvrier) n'a de spontanéité que dans ses fonctions animales : le manger, le boire, la procréation, peut-être encore dans l'habitat, la parure, etc. ; et que, dans ses fonctions humaines, il ne se sent plus qu'animalité : ce qui est animal devient humain et ce qui est humain devient animal[1]. »

La critique du travail aliéné débouche donc sur la critique de l'aliénation en dehors du travail : l'individu n'est pas moins aliéné quand il est momentanément hors du travail (pour le repos, le loisir, etc.) que quand il travaille. Les années 1960, avec notamment le mouvement situationniste, développeront jusqu'à leurs conclusions les plus radicales ces analyses avec la critique de « l'aliénation de la société de consommation » et la critique du travail en tant que tel.

En troisième lieu, le travail aliéné rend l'espèce humaine étrangère à l'homme. L'homme comme l'animal est une partie de la nature. Il vit de la nature « non organique », ce qui veut tout simplement dire qu'il y a un continuum qui relie les individus à leurs « parties extérieures ». Mais l'homme est plus universel que l'animal parce que la

1. *Ibid.*, p. 61.

sphère de la nature dont il vit est plus universelle que celle de l'animal.

«Plantes, bêtes, minéraux, l'air, la lumière, etc., forment en théorie une part de la conscience humaine soit en tant qu'objets de la science de la nature, soit en tant qu'objets de l'art – nourritures spirituelles que l'homme doit d'abord préparer pour en jouir et les assimiler[1].» En séparant l'homme du résultat de son travail, en le séparant de sa propre activité, le travail aliéné sépare donc l'homme de la nature et de son «moi», c'est-à-dire de son activité vitale. Le travail, activité vitale, apparaît maintenant, en tant que travail aliéné, comme un simple moyen. Mais alors «la vie elle-même apparaît comme un simple moyen de vivre[2]».

Les individus vivants
et la conception matérialiste de l'histoire

La philosophie idéaliste procède à partir des «universaux», c'est-à-dire de concepts généraux et abstraits, l'Idée, l'Esprit, l'Homme, l'homme abstrait, l'animal rationnel, l'animal politique ou tout ce qu'on voudra encore. «[Elle] met à la place de *l'homme individuel réel* la "conscience de soi" ou "l'Esprit" et [...] enseigne avec l'évangéliste: "c'est l'esprit qui vivifie, la chair ne sert de rien"[3].» Nous avons jusqu'ici souligné le caractère très particulier du matérialisme de Marx, en montrant que c'est non pas un naturalisme, mais un humanisme. Mais s'en tenir là, ce serait encore s'arrêter à mi-chemin. L'humanisme idéaliste valorise l'Homme abstrait et peut fort bien s'accommoder de la dévalorisation des humains réels, concrets. Rompant avec les généralités métaphysiques, Marx renvoie dos à

1. *Ibid.*, p. 62.
2. *Ibid.*, p. 63.
3. *La Sainte Famille*, in *Œuvres* III, *op. cit.*, p. 427.

dos le matérialisme et l'idéalisme. Il faut partir non pas de l'Homme, mais des humains, tous singuliers ; non pas de la société, mais des individus qui nouent entre eux des relations déterminées et non pas du travail en général, mais des modes de production historiquement déterminés.

Il s'agit de penser les processus socio-historiques non pas comme des manifestations de principes idéaux (la Société, l'Histoire, l'État, l'Homme), mais comme le résultat de l'activité consciente, « pratique sensible » des individus humains, des individus vivants, souffrants, agissants. Les idées, donc, n'expliquent pas la diversité du réel, mais, au contraire, doivent être expliquées. Il est nécessaire de concevoir comment elles sont produites à partir des sociétés humaines réellement existantes : c'est le mouvement historique réel qui explique la naissance des catégories de la pensée. Or l'élément premier pour qu'il y ait quelque chose comme une société, ce sont les individus vivants : « Les présuppositions dont nous partons ne sont pas arbitraires ; ce ne sont pas des dogmes ; il s'agit de présuppositions réelles dont on ne peut s'abstraire qu'en imagination. [...] La première présupposition de toute histoire humaine, c'est, naturellement, l'existence d'individus humains vivants. [...] Toute historiographie doit partir de ces bases naturelles et de leur modification par l'action des hommes au cours de l'histoire[1]. »

Les hommes ne sont pas les instruments de l'Esprit qui doit se manifester à travers les turpitudes des actions humaines. Toute l'histoire, l'économie et la philosophie peuvent s'expliquer à partir des individus et de la manière dont ils produisent leur propre vie. « Tout au contraire de la philosophie allemande, qui descend du ciel sur la terre, on s'élève ici de la terre au ciel, autrement dit, on ne part pas de ce que les hommes disent, s'imaginent, se représentent, ni non plus de ce qu'on dit, s'imagine,

---

1. *L'Idéologie allemande*, in *Œuvres* III, *op. cit.*, p. 1054-1055.

se représente à leur sujet, pour en arriver à l'homme en chair et en os; c'est à partir des hommes réellement actifs que l'on expose le développement des reflets et des échos idéologiques de ces reflets[1].» C'est pourquoi on doit commencer par les individus dans leur vie immédiate : «On peut distinguer les hommes des animaux par la conscience, par la religion ou par tout ce que l'on voudra. *Eux-mêmes* commencent à se distinguer des animaux dès qu'ils se mettent à produire leurs moyens d'existence[2].» Les activités humaines peuvent être considérées «objectivement», c'est-à-dire comme des objets saisis par une conscience extérieure et sous ce rapport elles ne se distinguent nullement des activités des autres animaux et plus généralement de tous les phénomènes naturels. Mais cette manière de voir est étriquée; elle est celle de «l'ancien matérialisme», celui qu'épingle la «première thèse sur Feuerbach». Marx lui reproche de ne pas considérer la réalité «comme activité humaine sensible», «subjectivement». Or, pour Marx, il faut saisir l'individu «subjectivement», c'est-à-dire l'individu déployant sa propre activité dont il est conscient et non comme un objet passif, un «atome» social, un automate.

Les métaphores dont use Marx, «renversement», «remettre sur les pieds ce qui marche sur la tête», «aller de la terre vers le ciel», disent assez clairement ce qu'il veut faire. Non pas tirer un trait sur la philosophie en général, mais clore cette longue phase d'une philosophie européenne trop longtemps servante de la théologie, même devenue théologie laïque, pour revenir à l'individu, dans son existence brute, immédiate, non philosophique, sujet et fondement de toute réflexion philosophique et de toute théorie de l'action.

Dans *L'Idéologie allemande*, Marx met les points sur les «i».

1. *Ibid.*, p. 1056.
2. *Ibid.*, p. 1055.

« La structure sociale et l'État se dégagent constamment du processus vital d'individus déterminés – non point tels qu'ils peuvent s'apparaître dans leur propre représentation ou apparaître dans celle d'autrui, mais tels qu'ils sont en réalité, c'est-à-dire tels qu'ils œuvrent et produisent matériellement[1]... » La société est nommée ici « structure sociale ». La société, l'État ne sont donc plus des sujets, mais bien des produits de l'action des individus, des genres qui « résultent » de l'activité des hommes, des « individus vivants ». C'est aussi pourquoi la production de ces produits est désignée comme le « processus vital », ce qui est le contenu essentiel de ce qui sera désigné comme « processus de production ». Certes, la société et l'État peuvent être considérés comme sujets et l'on peut bien dire « l'État fait ceci » ou « la société aspire à cela ». Mais il s'agit seulement de sujets grammaticaux. État, société, etc., sont des termes qui désignent des « concrétions » particulières des rapports, des liens déterminés que les individus ont établis entre eux.

Ainsi le matérialisme et l'idéalisme ne forment pas pour Marx les catégories éternelles dans lesquelles doivent être pensées toutes les philosophies. L'opposition de la vie à la pensée exprime le refus de réduire la vie à la pensée, le refus de la réduction de l'individu vivant à sa conscience, le refus de l'identification de la subjectivité individuelle au sujet philosophique, et en même temps le refus de la séparation de l'individu et de sa conscience, le refus de la séparation de la conscience et de l'inconscient. Marx dénonce comme une « vieille marotte de philosophe » la séparation de la conscience d'avec les individus et leurs rapports réels, « cette illusion que l'égoïste de la société bourgeoise actuelle ne possède pas la conscience qui correspond à son égoïsme[2] ».

1. *Ibid.*, p. 1055-1056.
2. *Ibid.*, p. 1205.

La rupture radicale d'avec la philosophie spéculative n'est pas un renversement au sens où ce qui était en bas est maintenant en haut et réciproquement. Ce n'est pas la défense d'un point de vue «matérialiste» qui ne serait que le miroir de l'idéalisme et par conséquent un autre idéalisme. C'est une entreprise de démolition qui vise à déblayer le terrain pour une nouvelle manière de penser. C'est la poursuite acharnée et méticuleuse de toutes les abstractions spéculatives, y compris les abstractions critiques et les abstractions «critiques critiques[1]», en élucidant le statut de cette fausse abstraction comme illusion spéculative et cherchant à rétablir l'ordre effectif de la pensée.

Tour d'horizon général : du matérialisme de Marx

Marx commence bien par la philosophie. Mais comme il prend la philosophie au sérieux, il veut la réaliser, la rendre effective, c'est-à-dire pratique. Ce qui le contraint à un renversement de la philosophie idéaliste, spéculative, qui est celle de la tradition allemande. Il n'abandonne pas pour autant la philosophie, et la réflexion sur Hegel reviendra à de nombreuses reprises, dans les manuscrits préparatoires au *Capital* (les *Grundrisse*), mais aussi dans l'importante préface à la deuxième édition allemande du *Capital*. Mais, désormais, les ressources de la philosophie sont utilisées pour procéder à la critique d'un monde qui mutile les hommes, les transforme en choses au service d'un processus social aveugle. Si mettre les individus vivants au point de départ de toute réflexion et de toute action, c'est être matérialiste, alors Marx est

---

1. Le pamphlet contre les «Jeunes hégéliens», *La Sainte Famille*, publié en 1845, est sous-titré ironiquement «Critique de la critique critique».

bien matérialiste, puisque c'est la pratique (relations avec la nature et relations avec les autres hommes) qui conditionne les formations politiques, juridiques et culturelles et les catégories de la pensée. Mais si être matérialiste consiste à «traiter des faits sociaux comme des choses», à faire des êtres humains les marionnettes d'un «procès sans sujet ni fin» (comme le disait Althusser), alors Marx n'est pas matérialiste. Tous les premiers écrits convergent sur une question : il faut saisir la réalité humaine comme *praxis*, comme action. En ce sens, la philosophie de Marx est bien comme l'ont dit les Italiens Gentile, Croce et Gramsci, une «philosophie de la *praxis*», indissociable d'une double dimension démocratique et humaniste. Elle est démocratique, parce que, comme le dit le *Manifeste du parti communiste*, «l'émancipation des travailleurs sera l'œuvre des travailleurs eux-mêmes»! Les critiques que Marx adresse à la démocratie bourgeoise ne visent pas la démocratie, mais le caractère limité, mutilé de la démocratie bourgeoise, celle qui réduit l'homme au «bourgeois égoïste» (voir *La Question juive*) et, par conséquent, ce que vise Marx, c'est une réalisation complète de la démocratie, c'est-à-dire l'activité consciente des individus. La philosophie de Marx est humaniste aussi, parce qu'il faut prendre les choses à la racine et, pour l'homme, la racine, c'est l'homme. Mais là encore, ce n'est pas l'humanisme abstrait, mais un humanisme des individus concrets dans leur particularité, des individus vivants, des individus de chair et de sang.

Cette philosophie commande la critique de l'économie politique. Car il ne s'agit pas, pour Marx, de construire une nouvelle théorie économique, après celles de Smith et Ricardo, mais de comprendre les fondements de l'économie, en tant que celle-ci n'est pas une réalité éternelle, mais un mode historiquement déterminé des relations entre les individus et un ensemble de formes de la conscience sociale qui se développent en rapport avec ces relations sociales. En ce sens Marx propose non pas un nouveau système philosophique englobant tout ce que la philosophie peut penser, mais seulement une nouvelle philosophie sociale et une philosophie de l'économie, ce que l'École de Francfort nommera «théorie critique».

3

La valeur et le fétichisme de la marchandise: genèse et figures de l'idéologie

Le sens de la critique de l'économie politique

> *« À première vue, une marchandise semble une chose tout ordinaire qui se comprend d'elle-même. On constate en l'analysant que c'est une chose très embrouillée, pleine de subtilités métaphysiques et de lubies théologiques. »*
>
> K. Marx, *Le Capital*, livre I.

Pour comprendre où se situe la colonne vertébrale de la pensée de Marx, ce qui en fait l'actualité, il faut partir de ses élaborations les plus avancées. Il fait très vite la critique du mode de production capitaliste, de l'aliénation dont il est le porteur, des contradictions qui le minent, mais ce qui fait vraiment fonctionner ce « grand automate » qu'est le capital, Marx ne l'élucide complètement qu'assez tardivement, c'est-à-dire avec la publication (en 1867) du livre I du *Capital*.

La théorie de la valeur est le noyau dur de la pensée

marxienne. La rugueuse première section du *Capital* contient en elle-même toute la pensée de Marx. Elle est à la fois le traité de logique dialectique que les marxistes ont eu tant de mal à comprendre et le germe à partir duquel s'organise toute l'analyse du mode de production capitaliste. La théorie dite de la «valeur-travail[1]» est reprise aux classiques (Smith et Ricardo, essentiellement) pour être transformée en un instrument essentiel de la critique de l'économie politique. La théorie de la valeur est aussi une «critique de la valeur», c'est-à-dire une analyse critique de ce qui fait l'objet même de l'économie politique. Cette théorie de la valeur s'appuie sur l'analyse de la marchandise. Marx montre que le double caractère de la marchandise, valeur d'usage et valeur d'échange, chose utile à un besoin particulier et chose qui peut s'échanger sur un marché, est le nœud où se concentrent tous les rapports sociaux de la société moderne : la division du travail s'opère à travers l'échange marchand ; l'échange rend possibles les crises de surproduction ; la multiplication des liens sociaux à travers l'échange dégage la possibilité d'une nouvelle organisation de la production et des échanges non soumise à la «loi de la valeur». Bref, la marchandise contient en germe tous les développements de l'ensemble de l'analyse marxienne.

Il est impossible de comprendre ce que Marx entend par «exploitation», «extorsion du travail gratis», etc., si on ne part pas de l'analyse de la marchandise et de son corollaire, la théorie de la valeur. Celle-ci s'applique à cette marchandise très particulière qu'est la force de travail et elle conduit ainsi à la compréhension de la production de la survaleur et de l'exploitation. C'est encore la théorie de la valeur qui permet de penser «la métaphysique de

---

1. Jacques Bidet critique l'ambiguïté de cette expression et lui préférerait «théorie travail / usage de la valeur». Voir *Explication et reconstruction du «Capital»*, PUF, 2015.

la marchandise » et conduit ainsi à la définition et à l'explication de l'idéologie, c'est-à-dire des mécanismes qui font que la réalité sociale apparaît renversée dans le cerveau des acteurs comme dans une *camera oscura*[1]. On trouve dans l'analyse de la marchandise l'explication de la genèse du profit capitaliste et de l'exploitation, mais aussi une définition rigoureuse de l'aliénation.

La marchandise, chose « métaphysique ». Fondements d'une philosophie de l'économie

Le Capital commence par l'analyse de la marchandise ou plutôt par ce que Marx appelle « forme valeur ». Cette expression renvoie directement à Aristote : une chose a une matière, ce dont elle est faite, et une forme qui fait exister la chose en donnant forme à la matière. La forme valeur est ce qui fait qu'une marchandise est une marchandise et non n'importe quelle chose.

La marchandise est définie comme la « cellule de la société bourgeoise », de la même manière que la cellule en biologie est l'unité fondamentale du vivant. Elle apparaît comme la réalité immédiate selon le point de vue de l'économie. Cette réalité immédiate, comme « chose extérieure », doit être décomposée en ses formes : la valeur d'usage d'une part – une marchandise n'est marchandise que si elle satisfait un besoin humain (si on l'use ou si on la consomme) – et la valeur d'échange d'autre part, la valeur qui permet d'échanger une marchandise A contre une marchandise B selon certaines proportions déterminées. Ces deux formes sont antinomiques : si une chose est valeur d'échange, elle n'est pas, pour celui qui se prépare

---

1. La *camera oscura*, ou chambre noire, est un instrument d'optique dont le principe est repris dans l'appareil photographique.

à l'échanger, une valeur d'usage et réciproquement : une marchandise que j'ai achetée pour la consommer n'a plus à proprement parler de valeur d'échange. Une marchandise a bien une valeur d'usage et une valeur d'échange, mais ces deux formes de la marchandise s'excluent ! C'est donc l'unité d'une contradiction. Une marchandise produite pour être vendue a bien une valeur d'échange mais si personne, apte à la payer, n'en a l'usage, elle perd en même temps son caractère de marchandise. C'est dans la scission entre valeur d'usage et valeur d'échange que réside donc la possibilité des crises de surproduction, et même si cette possibilité est seulement une possibilité abstraite, elle sera le point de départ de l'analyse concrète des crises économiques : si on produit beaucoup de marchandises en vue de s'enrichir, mais que celles-ci ne trouvent pas à s'échanger sur le marché, il y a crise et la société s'appauvrit brutalement parce qu'elle est devenue trop riche !

La double nature de la marchandise sociale explique la manière dont se produisent les représentations du réel dans le cerveau des acteurs. Ces représentations masquent la nature même des rapports de production puisque ces rapports entre les hommes apparaissent comme des rapports entre les choses, des rapports entre les marchandises. L'analyse de la marchandise met en lumière ce mécanisme qui substitue à la vie réelle son équivalent idéal, la valeur de la marchandise, qui substitue l'économie à la vie. Donc, dans le même mouvement, l'analyse de la marchandise produit une théorie des rapports sociaux et une « phénoménologie sociale », c'est-à-dire une explication de la manière dont les rapports sociaux apparaissent à la conscience des individus.

Il faut donc repenser radicalement la manière dont on comprend traditionnellement le matérialisme de Marx. La « matière », c'est la marchandise en tant que produit du travail du sujet en vue de la satisfaction d'un besoin humain. Elle est donc «subjective». Mais la forme marchandise, son objectivité en tant que marchandise, réside dans ce rapport où une marchandise se reflète dans une autre, mais seulement après coup. C'est ce rapport entre le matériel/subjectif et la forme objective/économique qui est le centre de l'analyse. Marx ne décrit donc pas une «réalité économique» existant par soi et qui serait le fondement, «l'infrastructure» de toutes les autres sphères sociales, mais bien, pour reprendre une expression de Michel Henry, la fondation subjective de la réalité économique.

Marx a montré, premièrement, que, contrairement aux apparences, contrairement à l'idéologie (l'idée que l'on se fait sans réellement la penser), ce qui fonde la production se trouve donc bien du côté du facteur subjectif. Il faut partir du besoin et de l'activité productive du sujet humain. La chose produite sous sa «forme équivalent», «objective», nous dit qu'une quantité x d'une marchandise A équivaut à une quantité y d'une marchandise B et, par là même, dissimule la réalité de l'activité humaine, vécue. L'objectivation de la puissance du travailleur sous la forme d'une marchandise produit donc une apparence et même une «fausse apparence». C'est même, dit Marx, cette fausse apparence qui distingue le travail salarié des autres formes historiques du travail[1].

Deuxièmement, si la marchandise est le point de départ de l'analyse, elle n'est pas le fondement de la vie sociale. L'accumulation des marchandises n'est pas la richesse, même si dans nos sociétés toute la richesse présente comme une immense accumulation de marchandises, puisque la richesse sociale comprend aussi des biens naturels (l'eau, l'air, le soleil, la nature) et humains qui n'ont aucune valeur et n'en constituent pas moins une

1. *Salaire, prix et plus-value*, in *Œuvres* I, *op. cit.*, p. 514.

richesse réelle. Dans la société capitaliste, il est vrai que « la richesse de la société n'existe qu'en tant que richesses d'individus, qui en sont les propriétaires privés. Elle ne conserve son caractère social que parce que ces individus, pour satisfaire leurs besoins, échangent entre eux des valeurs d'usage qualitativement différentes. Dans le capitalisme, ils ne peuvent le faire que par l'intermédiaire de l'argent, et c'est ainsi seulement que la richesse individuelle est réalisée comme richesse sociale. C'est dans l'argent, une chose, que s'incarne la nature sociale de cette richesse[1] ». Autrement dit, la réduction de la richesse à l'argent est une de ces figures du renversement idéologique de la réalité que produit la marchandise.

Troisièmement, Marx ne commence pas par la marchandise pour des raisons généalogiques : en gros, on aurait d'abord la production marchande, puis la généralisation de la monnaie et enfin le capitalisme. La marchandise dont parle le chapitre premier n'est pas la marchandise que s'échangeaient les Grecs anciens, mais la marchandise développée, telle qu'elle existe dans le mode de production capitaliste. Pour qu'on puisse parler du besoin en général, indépendamment de sa nature (besoin physique ou imaginaire), et indépendamment même de l'utilisation (consommation ou production), il faut avoir accompli un travail d'abstraction considérable. Il faut que la production soit maintenant entièrement dominée par la production de marchandises. Dans les sociétés antérieures à celles que domine le mode de production capitaliste, il n'existait qu'une seule catégorie d'activités nommée « travail ». Le professeur enseignant ses élèves, le magistrat accomplissant son office ou le ministre assistant le roi ne travaillaient pas. Les nobles qui n'étaient pas inactifs refusaient le travail propre à la condition des basses classes. C'est le développement du mode de production capitaliste

---

1. *Le Capital*, livre III, in *Œuvres* II, *op. cit.*, p. 1256.

qui transforme toute activité en travail et tous les produits du travail en marchandises. Dans le monde capitaliste, la bouteille de cognac et la Bible satisfont également des besoins, même si la dernière satisfait des besoins spirituels et la première des besoins en spiritueux. On voit donc que les besoins ne se résument pas aux besoins vitaux. Marx note d'ailleurs que l'utilité des choses, la multiplicité possible de leurs usages et les différentes unités de mesure sont des actes historiques.

Cette distinction entre marchandise et richesse est capitale. Le contenu matériel de la richesse est la valeur d'usage (et non l'accumulation de marchandises). C'est très exactement l'objet premier de la bonne gestion de la maisonnée (« économique » dans le sens d'Aristote) qui pourvoit tous les membres de cette maisonnée en biens d'usage dont la valeur réside dans leur capacité à satisfaire des besoins. Mais une valeur d'usage n'est pas nécessairement une valeur d'échange : elle ne l'est que dans une « forme sociale » spécifique. Elle pourrait très bien ne pas l'être et alors elle échapperait à la « science économique » (en tant que continuatrice de l'économie politique née au XVIIe siècle). Même dans les interstices de la société dominée par le mode de production capitaliste, restent de nombreuses enclaves dans lesquelles la production de richesses n'est pas une production marchande, mais seulement une production de valeurs d'usage : la production domestique (cuisine familiale, jardin, bricolage), les systèmes d'entraide informels ou non, toute la partie socialisée de la production. La production y est certes insérée dans le marché puisque les moyens de production sont généralement achetés comme marchandises et payés en monnaie, mais on ne produit pas des marchandises. Ce ne sont certes pas des « enclaves communistes » – encore que, dans certains cas, on puisse y voir des germes de communisme –, mais seulement des exemples de ce que toute richesse n'est pas marchandise et toute activité productive n'est pas nécessairement du travail aliéné.

Qu'est-ce alors que la valeur d'échange – ou encore la valeur, tout court? Là encore, il faut étudier la manière dont elle apparaît, non pas historiquement, encore que cette histoire soit du plus haut intérêt, mais logiquement. Elle ne préexiste pas à l'échange, au contraire, elle le présuppose. Supposons que l'échange entre le fer et blé soit réglé par l'équation suivante: « 1 quarter de blé = a quintal de fer», comment peut-on comprendre cette égalité? Si on ne veut pas qu'elle soit déterminée arbitrairement, il faut supposer un troisième terme, une commune mesure, qui permet de rendre commensurables des choses qui n'ont ni propriétés physiques ni unités de mesure communes. Ce troisième terme est celui qui va pouvoir fonctionner comme équivalent général de toutes les marchandises. Cette réduction des valeurs d'échange à leur commune mesure est un processus d'abstraction. Il faut retenir ce terme. En tant que valeur d'échange, la marchandise a perdu toute valeur d'usage et par conséquent toutes les qualités qui importent à son possesseur en tant que valeur d'usage. Sa seule qualité est la mesure quantitative: elle vaut « 10 euros», par exemple. Ce processus d'abstraction qui caractérise la genèse de la valeur est aussi un processus qui fait abstraction du travail déterminé qui produit les valeurs d'usage: peu importe le travail concret, particulier qui a permis la production de cette marchandise, ce qui compte, c'est simplement qu'elle se vend 10 euros.

Il faut donc admettre que la forme phénoménale (la surface de l'échange, là où se rencontrent nos échangistes de marchandises) manifeste une réalité substantielle non visible, mais nécessaire: sans l'activité du sujet conscient, pas de production! Il y a donc une «économie *exotérique*» (celle qui intéresse les marchands, les spéculateurs… et les économistes) et un fondement *ésotérique* de l'économie, un fondement caché que l'analyse doit découvrir. Les économistes après Marx lui reprocheront justement cette «métaphysique» de la valeur, prétextant que ce qui est objet de science est seulement ce qui est observable, c'est-à-dire l'échange entre une quantité déterminée de marchandise A et une quantité déterminée de marchandise B par l'intermédiaire d'une certaine somme d'argent, tout le reste n'étant que «philosophie»! Mais justement, il s'agit bien de philosophie.

Comment, donc, deux marchandises qui par nature semblent incommensurables peuvent-elles se rapporter l'une à l'autre? Comment peuvent-elles entrer dans un rapport déterminé? Marx donne une analogie: pour comparer deux triangles quelconques, on peut les ramener à leur surface, laquelle n'a rien à voir avec la forme de nos triangles. «De la même façon, il faut réduire les valeurs d'échange des marchandises à quelque chose de commun dont elles représentent une quantité plus ou moins grande[1].» Qu'est-ce donc que ce quelque chose de commun? Ce ne peut être une propriété naturelle (les propriétés naturelles ne concernent la marchandise qu'en tant que valeur d'usage). Il n'y a qu'une «chose» commune à toutes les marchandises, c'est d'être des produits du travail humain. Ce qui n'est pas le produit du travail humain, ce qui est immédiatement à portée de tous est une richesse, mais non une marchandise. Ce peut être une richesse naturelle (l'air, le climat, les paysages, l'eau – jadis!) ou une richesse sociale (les biens publics), mais cela n'a pas de valeur.

Mais en tant que valeur d'échange, la marchandise comme produit du travail humain a perdu aussi la particularité du travail qui l'a produite. Le quintal de blé est produit par le paysan et l'habit par les ouvriers de l'usine de confection. Mais en tant qu'ils s'échangent selon des quantités déterminées, la sueur du laboureur est refoulée

1. *Le Capital*, livre I, PUF, «Quadrige», p. 42.

aussi bien que le bruit des machines à coudre. La valeur d'usage est dans le corps des marchandises et c'est de ce corps qu'on fait abstraction maintenant : le monde de l'économie politique n'est donc pas le monde matériel des choses, de l'épaisseur du réel, c'est le monde des abstractions ; les purs esprits (la valeur d'échange séparée de son corps) y sont chez eux.

La marchandise en tant que valeur d'échange est ainsi le produit du travail humain abstrait. L'échange marchand est donc une abstraction du travail humain. Abstraction : cela veut dire qu'on lui a retiré quelque chose, ce quelque chose dont on fait abstraction justement, le travail humain réel et subjectif. Marx dit alors quelque chose de décisif : « Considérons maintenant ce résidu des produits du travail. Il n'en subsiste rien d'autre que cette même objectivité fantomatique, qu'une simple gelée de travail humain indifférencié, c'est-à-dire de dépense de force de travail humaine[1]. »

En s'intéressant à la valeur d'échange, en en faisant son objet, l'économie politique s'occupe donc d'une « objectivité fantomatique » et réduit le travail à une « gelée », à un travail privé de vie. Marx parle encore de « cristallisation ». Ici, s'opère un passage conceptuel délicat. Dans la première forme, la marchandise se dédouble et elle apparaît comme valeur d'usage et valeur d'échange ; ensuite Marx, quand il étudie la marchandise, abstraction faite de sa valeur d'usage, parle de valeur tout court. C'est bien la même chose, mais c'est une autre forme. La valeur, c'est « du travail humain abstrait objectivé ». Et une marchandise n'a de valeur qu'en tant que du travail humain est objectivé en elle. Première conclusion : ce n'est donc pas Marx qui introduit la métaphysique dans la « science économique ». C'est l'économie elle-même qui est une métaphysique !

1. *Ibid.*, p. 43.

La substance de la valeur

Vient ensuite la question : comment est mesuré le quantum de valeur ? La réponse est immédiate : « Par le quantum de substance constitutive de valeur qu'elle contient, par le quantum de travail. La quantité de travail elle-même se mesure à sa durée dans le temps, et le temps de travail possède à son tour des étalons, en l'espèce de certaines fractions du temps : l'heure, la journée, etc.[1]. »

Cette expression sera bientôt détaillée, mais soulignons tout de suite qu'elle pose des questions plus redoutables les unes que les autres. Les échanges sont bien plus anciens que le mode de production capitaliste : la loi qu'énonce ici Marx serait-elle une loi propre à tout échange marchand, une loi de la valeur « transhistorique » ? Pour comprendre ce dont parle vraiment Marx avec cette affaire de la « loi de la valeur », on doit séparer l'ordre généalogique (historique) et l'ordre logique (celui de l'enchaînement des catégories de l'économie politique dans le mode de production capitaliste). La forme valeur, qu'on trouve dans le capitalisme, est une forme développée qui suppose déjà une division du travail et une extension du marché suffisante, mais aussi une concurrence assez libre pour que l'on puisse parler de « travail humain identique » dans des marchandises différentes : les divers travaux sociaux peuvent se mesurer entre eux sur le marché.

Ainsi, le capital dans son développement établit la libre concurrence comme la présupposition de son propre développement, puisque la libre concurrence est la forme adéquate du procès de production capitaliste. Ce qui n'empêche pas le capital encore faible de s'appuyer sur les béquilles des anciens modes de production – historiquement la domination du capital est liée au monopole (par

1. *Ibid.*

exemple, les monopoles des compagnies qui s'occupent de commerce au loin). Mais si on se place sur le plan de l'ordre historique, pour Marx, le capital ne naît pas de la libre concurrence entre les individus, mais c'est bien au contraire la domination du capital qui rend possible la libre concurrence. Donc la libre concurrence n'est pas une condition du capital, mais c'est bien le capital qui est une condition du développement de la libre concurrence. La question peut donc se poser très simplement : le mode de production capitaliste est-il né de la libre concurrence, autrement dit le marché niché au sein de la société médiévale contenait-il en germe le mode de production capitaliste moderne ? À cette question, Marx répond « non » avec la plus grande clarté. Il reste que « la libre concurrence est la forme adéquate du mode de production capitaliste » et que le capital sous sa forme la plus pure s'exprime dans la libre concurrence et, par conséquent, les freins à cette dernière sont les « messagers » qui annoncent la dissolution du mode de production capitaliste. Et c'est aussi pourquoi *Le Capital* qui veut exposer le mode de production capitaliste « pur » ne commence pas par la genèse historique concrète du capital, mais par la marchandise et par l'échange qui « présuppose » la libre concurrence, la forme réalisée du mode de production capitaliste.

C'est seulement quand le marché est pleinement développé que la théorie de la valeur-travail peut être pleinement comprise – c'est pourquoi si Aristote voit le problème quand il constate qu'on échange selon des proportions déterminées des marchandises qui, en elles-mêmes, sont incommensurables, il ne peut le résoudre et considère que l'échange des travaux du cordonnier et l'échange de ceux du médecin procèdent d'une convention. Marx formule ainsi la théorie de la valeur-travail : « En tant que valeurs, toutes les marchandises ne sont que des mesures déterminées de temps de travail coagulé[1].» «Temps de travail coagulé»: la métaphore a son importance et une portée philosophique: le sang en tant qu'il exprime la vie n'est pas coagulé. Ce qui coagule, c'est le sang séparé de l'être vivant. Le sang qui symbolise la mort. Produite par le travail vivant, la marchandise n'est plus que du travail mort. Ce thème est repris tout au long du *Capital* et en constitue la trame, critique et révolutionnaire. Ce temps de travail coagulé est très variable. Il dépend de la productivité du travail: si un producteur est moins productif qu'un autre, il y aura plus de temps de travail coagulé dans la marchandise qu'il aura produite et donc la marchandise produite aura plus de valeur. Mais Marx répond à cette objection: «C'est donc la quantité de travail socialement nécessaire ou le temps de travail socialement nécessaire à la fabrication d'une valeur d'usage qui détermine la grandeur de sa valeur. La marchandise singulière ne vaut ici tout bonnement que comme échantillon moyen de son espèce[2].»

Certes, les prix peuvent varier en fonction de l'offre et de la demande: les prix sont la manifestation phénoménale de la valeur. Mais ces variations se font autour d'un pivot. Ce ne sont pas l'offre et la demande qui déterminent la valeur d'une marchandise. Pour comprendre l'analyse de Marx, il faut se placer du point de vue du mouvement d'ensemble et faire abstraction des fluctuations.

Alors, pourquoi peut-on faire abstraction des différences entre les travaux des différents producteurs? Pour Marx, la production de la valeur n'est pas un résultat individuel, mais un résultat social, parce que le travail est social. Si nous échangeons les produits du travail, c'est parce que le travail est divisé et la division du travail est un processus global! Personne ne produit tout seul, chaque producteur produit avec ce que les autres ont

---

1. *Le Capital*, livre I, *op. cit.*, p. 45.
2. *Ibid.*, p. 44.

produit. La question de la valeur et celle de la plus-value ne peuvent se comprendre qu'à cette échelle et non en étudiant comment les choses se passent au niveau de chaque entreprise, c'est-à-dire de chaque fraction du capital total. Là encore, nous voyons que, pour qu'une marchandise singulière soit tenue pour un « échantillon moyen de son espèce », il faut que l'échange marchand soit généralisé et que chacun puisse comparer chaque marchandise singulière aux autres marchandises de son espèce.

Ainsi faut-il méditer la réponse que donne Marx à la question que nous avons posée : « [E]n réalité, le travail qui constitue la substance des valeurs est du travail humain identique, dépense de la même force de travail humaine. La force de travail globale de la société qui s'expose dans les valeurs du monde des marchandises est prise ici pour une seule et même force de travail humaine, bien qu'elle soit constituée d'innombrables forces de travail individuelles[1]. »

Cela étant posé, une conclusion quelque peu paradoxale peut être tirée : plus la force productive du travail (sa productivité considérée socialement) est grande et plus la grandeur de la valeur des marchandises diminue. Et c'est précisément ici que se trouve la contradiction fondamentale du capital : la richesse dans le mode de production capitaliste apparaît comme une immense collection de marchandises, mais la dynamique même du mode de production capitaliste entraîne une croissance continue de la productivité du travail et donc fait baisser la valeur des marchandises : la valeur étant du temps de travail, si on diminue le temps de travail pour fabriquer une marchandise, sa valeur diminue. Le capital pour pouvoir continuer son processus d'accumulation doit toujours plus coaguler de travail et en même temps il

---

1. *Ibid.*

doit de plus en plus être « *labor saving* », économe en temps de travail. Le capital est donc une contradiction en procès et l'ensemble de ce procès se lit dans l'analyse de la marchandise.

Le double caractère du travail
représenté dans les marchandises

La marchandise est une chose «bifide», «quelque chose à double face». Ce double caractère de la marchandise renvoie au double caractère du travail en tant qu'il est producteur de marchandise. Marx insiste sur ce point: «J'ai été le premier à mettre le doigt de manière critique sur cette nature bifide du travail contenu dans la marchandise[1].» Donc, la question de la compréhension de l'économie politique tourne autour de la question de la double nature du travail et nous sommes ici au point névralgique du *Capital*, en tant que «critique de l'économie politique».

Ici se pose un problème: si la question centrale de la pensée de Marx est celle de «l'exploitation de classe», comme disent les marxistes orthodoxes, on devrait trouver trace de cela dans le texte de Marx. Hélas! L'expression «exploitation de classe» ne figure pas dans *Le Capital* et, du reste, elle est introuvable dans l'ensemble de l'œuvre de Marx. La raison en est simple: cette expression ne veut rien dire! Il y a une exploitation du travail (et pas une exploitation de classe!) et ce qui permet de la comprendre est précisément la scission entre les deux aspects du travail en tant qu'il est producteur de marchandise.

Le travail en tant qu'il produit une valeur d'usage est toujours un travail particulier, «une espèce déterminée d'activité productive» et il s'agit ici du travail en tant

1. *Ibid.*, p. 47.

qu'il est du travail utile. «Sous cet angle, il est toujours référé à son effet d'utilité.» Et sous cet angle encore, les travaux, correspondant à des valeurs d'usage différentes, sont différents «qualitativement», et leurs produits ne peuvent pas se présenter face à face comme marchandises. La diversité des travaux utiles forme la division sociale du travail, laquelle est consubstantielle à la production sociale, quels qu'en soient les modes de production. Marx précise immédiatement: «Cette division est une condition d'existence de la production marchande, bien qu'à l'inverse la production marchande ne soit pas la condition d'existence d'une division sociale du travail[1].» Marx insiste: «Le travail en tant que formateur de valeurs d'usage, en tant que travail utile, est pour l'homme une condition d'existence indépendante de toutes les formes de société, *une nécessité naturelle éternelle*, médiation indispensable au métabolisme qui se produit entre l'homme et la nature et donc à la vie humaine[2].»

Donc, premier aspect, il est impossible d'abolir le travail en général, le travail sans plus de précision. La critique du travail dans le mode de production capitaliste, la critique du travail salarié donc, est nécessaire. Mais le travail en tant qu'activité productrice générale est conforme à la nature humaine. Il y a un deuxième aspect: «Les valeurs d'usage, habit, toile, etc., bref ces marchandises en tant que corps sont des combinaisons de deux éléments: matière naturelle et travail. Si l'on soustrait la somme de tous les travaux utiles divers qu'il y a dans l'habit, dans la toile, etc., il reste toujours un substrat qui est là du fait de la nature sans que l'homme intervienne. L'homme ne peut procéder dans sa production que comme la nature elle-même: il ne peut que modifier les formes des matières. Plus même. Dans ce travail de mise

1. *Ibid.*
2. *Ibid.*, p. 48. C'est moi qui souligne.

en forme proprement dit, il est constamment soutenu par les formes naturelles.»

Le travail en tant que producteur de valeurs d'usage est donc fondamentalement du côté du rapport de l'homme à la nature. Il *est* ce rapport de l'homme à la nature, son métabolisme. C'est ce qui explique le caractère anhistorique du travail, sa «nécessité éternelle». Marx poursuit : «Le travail n'est donc pas la source unique des valeurs d'usage qu'il produit, de la richesse matérielle. Comme le dit Petty, celle-ci a pour père le travail et pour mère, la terre.»

Dans l'échange marchand, tout cela est refoulé, les travaux particuliers qui produisent la toile ou l'habit sont maintenant ramenés à «une dépense de force de travail humaine». «La valeur de la marchandise représente du travail humain tout court, une dépense de travail humain en général.» Cela implique que la diversité des travaux concrets soit ramenée, par abstraction, du travail humain en général au travail abstrait, sans qualité, réduit à sa pure mesure quantitative. Comment réduire le travail complexe à du travail simple, celui que l'on peut résumer à une dépense de temps ? Marx donne une première formule : le travail complexe est une «potentialisation» ou une «multiplication» du travail simple, «si bien qu'un quantum moindre de travail complexe sera égal à un quantum plus grand de travail simple». Qu'est-ce qui opère cette transformation ? «La société», répond Marx ! Le processus social en question se nomme circulation des marchandises et division du travail. La division du travail réduit elle-même le travail complexe au travail simple – c'est ce qu'a fait à grande échelle le taylorisme et ce que poursuit le toyotisme. L'abstraction du travail est ce processus qui retire au travail particulier producteur de valeur d'usage toutes ses propriétés pour le réduire à du travail simple. Cette réduction ne s'effectue pas par un processus purement théorique, mais par le développement pratique du mode de production capitaliste. Il faut que ce dernier soit assez développé quant à la division technique du travail et qu'il domine la formation sociale dans laquelle il est inséré – car il n'y a jamais de mode de production capitaliste pur : celui-ci est toujours inséré dans des formations sociales qui sont structurées par d'autres modes de production (esclavagistes, féodaux, domestiques, etc.). Il n'existe aucune loi théorique qui permettrait de dire que, par exemple, le travail d'un programmeur en informatique est 5 ou 10 fois le travail simple. Le «calcul» se fait «dans le dos des producteurs», dit Marx.

Considérée quant à sa valeur, la marchandise n'est donc que du temps de travail «gélifié» et les rapports de valeur correspondent aux rapports entre les temps de travail nécessaires socialement. C'est la «loi de la valeur-travail». Le caractère «bifide» du travail oppose le travail utile (particulier, concret, finalisé) au travail «abstraitement humain» producteur de valeur. Ces deux aspects s'opposent puisque précisément l'augmentation de la productivité peut entraîner la baisse de la valeur, puisqu'il faut moins de temps pour produire la même chose. L'habileté et l'intelligence organisatrice des ouvriers sont converties en économies de temps travail social moyen et donc en baisse de la valeur des marchandises produites, laquelle baisse finit toujours par retomber sur le dos de l'ouvrier!

On remarque ainsi que la contradiction fondamentale du capitalisme n'est pas celle qui oppose les ouvriers de plus en plus pauvres aux capitalistes de plus en plus riches en vue du partage de la galette! La contradiction gît dans la forme marchandise elle-même, dans le caractère «bifide» des produits du travail humain dans les sociétés où règne le mode de production capitaliste. Et c'est à cela qu'il faut revenir si l'on veut comprendre quelque chose aux métamorphoses du capital aujourd'hui.

À partir de là, Marx développe avec un soin méticuleux toutes les métamorphoses de la forme valeur pour montrer qu'elle trouve sa forme adéquate dans l'argent.

Le caractère fétiche de la marchandise et son secret

Voilà le mystère : « À première vue, une marchandise semble une chose tout ordinaire qui se comprend d'elle-même. On constate en l'analysant que c'est une chose très embrouillée, pleine de subtilités métaphysiques et de lubies théologiques. Tant qu'elle est valeur d'usage, elle ne comporte rien de mystérieux, soit que je la considère du point de vue des propriétés par où elle satisfait des besoins humains, ou du point de vue du travail humain qui la produit et qui lui confère ces propriétés[1]. »

On prend effectivement les marchandises pour des choses, sans mystère. Ce sont des choses sensibles, des choses dont les propriétés sont des propriétés physiques. La marchandise est une « chose sensible ordinaire ». Cela n'est vrai que tant que la marchandise est conçue uniquement comme valeur d'usage, comme un produit de l'activité humaine produit du travail concret, particulier, qui s'inscrit dans le métabolisme de l'homme et la nature. « Mais dès lors qu'elle entre en scène comme marchandise, elle se transforme en une chose sensible suprasensible. » Une chose sensible suprasensible est évidemment une contradiction dans les termes ! Mais ce n'est pas tout à fait exact. Nous connaissons de très nombreuses choses qui sont tout à la fois sensibles et suprasensibles, les signes linguistiques, les œuvres d'art, etc. Toutes ces « choses sociales » doivent toujours bien, en quelque manière, être des choses sensibles sans quoi elles ne pourraient pas être sociales : un langage ni sonore,

1. *Ibid.*, p. 82.

ni graphique, ni tout ce qu'on veut n'est pas un langage !
Un État sans bâtiments, emblèmes, policiers, etc., n'est
pas un État. Mais les bâtiments ne sont pas l'État, pas
plus que les signes sonores ne sont par eux-mêmes des
mots – un perroquet ne prononce aucun mot, même s'il
émet des sons qui nous font penser à des mots. De la même
manière, puisque les marchandises existent bien physiquement, elles sont des choses sensibles (comme les mots
ou les signes sur le papier), mais leur existence sensible
n'est que la manifestation de leur essence suprasensible.

Marx parle également du « caractère mystique de la
marchandise ». Ce caractère mystique ne provient pas de
la valeur d'usage, qui est sans mystère, ni même des conditions de sa production. À ce sujet, Marx fait remarquer
que toutes les sociétés sont obligées de se poser la question
du temps de travail nécessaire à telle ou telle production.
Et par conséquent, cela vaudra aussi dans une société
communiste qui devra économiser le temps de travail
nécessaire. « Dès lors que les hommes travaillent les uns
pour les autres d'une façon ou d'une autre, leur travail
acquiert lui aussi une forme sociale. »

Le caractère mystique de la marchandise réside dans
la forme marchandise elle-même puisque celle-ci renvoie
aux acteurs une image inversée de la réalité – exactement
comme dans la religion selon Feuerbach où l'homme
prend la créature de son esprit pour le créateur du monde
et des hommes. L'économie politique classique part de la
marchandise, de la détermination des valeurs (confondues
avec les prix) et considère que c'est là la réalité première,
la seule réalité objective. S'il y avait une « économie
marxiste », elle partirait aussi de cette réalité objective ;
or, Marx, qui ne fait justement pas de l'économie mais
de la philosophie économique, part lui de la genèse de
cette réalité objective, c'est-à-dire des processus de constitution de cette objectivité dans les cerveaux des acteurs,
et il montre que cette objectivité, qui est l'objet propre de

l'économie politique, est en fait le résultat d'un quiproquo! Le monde de l'économie politique est même décrit comme un monde « fantasmagorique », mais c'est cette fantasmagorie à laquelle les hommes sont assujettis quand la richesse sociale apparaît comme une immense accumulation de marchandises. Autrement dit, encore une fois, ce n'est pas une économie (même critique) que propose Marx, mais bien une critique de l'économie, c'est-à-dire une critique du monde fantasmagorique. Il s'en déduit que l'échange marchand et, avec lui, la circulation du capital ne peut former une « base matérielle » pour comprendre les processus historiques, comme le croient les partisans du marxisme, à moins de considérer une fantasmagorie comme une « base matérielle », ce qui serait plutôt curieux. Il y a bien une base matérielle : c'est la production, c'est-à-dire l'activité des individus vivants qui nouent entre eux des relations sociales, mais cette activité n'est matérielle que parce qu'elle met en œuvre les corps et les esprits, et manifeste leur puissance personnelle, c'est-à-dire leur puissance de sujets actifs, leur puissance subjective donc.

Qu'est-ce qui rend difficile la compréhension de cette « fantasmagorie » ? Quel est donc le secret de la valeur ? Il réside dans la transformation que subissent les rapports entre les individus. Si les produits du travail humain prennent un « caractère énigmatique » dès qu'ils se transforment en marchandise, cela provient d'une triple métamorphose[1]. Premièrement, l'expression de la valeur des produits permet de comparer les travaux humains les

---

1. « [1] L'identité des travaux humains prend la forme matérielle de l'objectivité de valeur identique des produits du travail. [2] La mesure de la dépense de la forme de travail humaine par sa durée prend la forme de grandeur de valeur des produits du travail. [3] Enfin les rapports des producteurs dans lesquels sont pratiquées ces déterminations sociales de leurs travaux prennent la forme d'un rapport social entre les produits du travail », *Le Capital*, livre I, *op. cit.*, p. 82.

uns aux autres, dès que l'on peut ramener leur diversité à un facteur commun. Deuxièmement, si deux produits du travail ont la même valeur, la dépense de travail humain, de peine, d'habileté, disparaît pour laisser place à une seule forme, la mesure de la grandeur de valeur. Et, troisièmement, les rapports entre les producteurs, c'est-à-dire les rapports de production, disparaissent derrière les rapports entre les choses (une livre de thé est égale à un quintal de fer, par exemple). Cette triple métamorphose est donc une triple dissimulation de la réalité sociale du travail humain derrière les catégories de l'économie politique.

Pourquoi en est-il ainsi ? Tout simplement parce que le caractère social des travaux ne se manifeste qu'à travers l'échange : chaque producteur produit pour le marché – il produit pour satisfaire ses besoins en produisant pour satisfaire les besoins d'un autre. L'intrication de ces producteurs constitue le caractère social de la production : à travers le marché s'organise et s'articule la division du travail, et l'ensemble réalise une coopération spontanée de tous les producteurs. En vendant sa demi-tonne de fer, le producteur de fer ne cherche pas autre chose que les moyens d'obtenir, par exemple, 10 mètres de toile et 20 livres de thé, mais en même temps il a produit le fer nécessaire à la fabrication des machines à café et la toile nécessaire aux machines à tisser. Les besoins de chacun sont satisfaits par la coopération de tous. Déjà Hegel, lecteur de Smith, avait bien mis tout cela en évidence. Et tout cela était déjà chez Aristote.

Mais, à la différence du travail fait en famille ou de la division du travail au sein d'un atelier, cette coopération n'est pas visible puisque chacun n'entre en contact avec les autres que par l'intermédiaire des choses à échanger ou, plus exactement, par l'intermédiaire de l'équivalent général, c'est-à-dire l'argent. Si le producteur de fer rencontrait le producteur de toile et procédait au troc, le caractère fondamental de l'échange apparaîtrait tout de même.

Mais dans la société moderne, où domine l'échange par l'intermédiaire de l'argent, ce fétiche suprême masque la réalité des rapports sociaux.

Ainsi, « [c]e qu'il y a de mystérieux dans la forme-marchandise consiste donc simplement en ceci qu'elle renvoie aux hommes l'image des caractères sociaux de leur propre travail comme des caractères objectifs des produits du travail eux-mêmes, comme des qualités sociales que ces choses posséderaient par nature ; elle leur renvoie ainsi l'image du rapport social des producteurs au travail global comme un rapport social existant en dehors d'eux, entre les objets[1] ». La conscience sociale spontanée, celle de tous les acteurs, précisément en tant qu'ils sont des acteurs du processus de production et d'échange, est une conscience tronquée, mutilée, une conscience qui fait apparaître comme extérieure aux individus leur propre activité. C'est donc bien une conscience aliénée. C'est la réalité elle-même des rapports sociaux dans la société capitaliste, mais aussi dans une société non capitaliste qui conserverait les rapports marchands et continuerait de se soumettre à la loi de la valeur qui produit cette conscience aliénée.

Pour comprendre les formes que prennent les rapports sociaux, Marx propose non de considérer la méthode traditionnelle des sciences de la nature (qui ne peut que saisir les rapports entre objets quant à leur forme physique), mais bien un autre type de science, dont l'anthropologie religieuse donne les linéaments. Marx focalise l'analyse sur « les zones nébuleuses du monde religieux ». « Dans ce monde-là, les produits du cerveau humain semblent être des figures autonomes douées d'une vie propre, entretenant des rapports les unes avec les autres et avec les humains. Ainsi en va-t-il dans le monde marchand des produits de la main humaine. J'appelle cela le fétichisme,

1. *Ibid.*, p. 82-83.

fétichisme qui adhère aux produits du travail dès lors qu'ils sont produits comme marchandises et qui, partant, est inséparable de la production marchande[1]. »

C'est bien ce rapport fétichiste que naturellement adoptent les individus dès lors qu'ils deviennent des acteurs du « monde économique », c'est-à-dire du monde fantasmagorique dans lequel la production sociale des conditions de la vie n'apparaît que sous le déguisement de la concurrence. L'investisseur qui prétend « faire travailler son argent » ne se distingue en rien, du point de vue des processus cognitifs, de l'adepte du vaudou qui pique une statuette pour faire du mal à son ennemi ! L'ido-lâtrie des « marques » a maintenant plus d'adeptes que les religions idolâtres traditionnelles. Il est d'ailleurs à remarquer que si la société, jusqu'à nos jours, idolâtre encore les vedettes du rock ou de la pop, les coureurs cyclistes ou les joueurs de football, il s'agit, néanmoins, d'humains auxquels on peut s'identifier. Mais désormais, de plus en plus on idolâtre des choses : la quincaillerie estampillée des « marques », par exemple. Le « *bling bling* » lui-même est devenu autre chose que la consommation de luxe ostentatoire de jadis. Il ne s'agit pas de porter des lunettes ou une montre coûteuses que seuls les connais-seurs apprécieront à leur valeur, mais bien d'avoir des Ray-Ban ou une Rolex, c'est-à-dire des marchandises pures, des signes, et non des biens d'usage comme le sont les objets de luxe dans la société traditionnelle.

Ainsi, le monde des marchandises apparaît-il bien comme un monde de choses brusquement douées de vie. Mais cette vie n'est pas la leur ! C'est une vie factice dont l'apparence naît des rapports sociaux de production, mais ce n'est qu'un monde de fantômes. Cela, nous ne le voyons pas, la plupart du temps, parce que, dans l'activité pratique sensible de tous les jours, tout se passe comme

1. *Ibid.*, p. 83.

si nous n'avions affaire qu'à ces fantômes : les relations sociales n'apparaissent que sous la forme de l'échange des marchandises.

Ainsi, chez Marx, l'opposition personnel/impersonnel se double de l'opposition personne/chose. Si nous rapportons cela aux catégories du marxisme standard traditionnel (base/superstructure ou réalité matérielle/idéologie), nous voyons que la « base », ce sont les rapports immédiats entre personnes (le procès de travail) et que la superstructure (l'apparence), ce sont les rapports « impersonnels » de la valeur. Autrement dit, la base, c'est ce qui est subjectif, et la superstructure, c'est ce qui est objectivé, c'est-à-dire le monde de l'économie.

Comment tout cela se traduit-il dans la conscience des individus ? C'est précisément cela qui intéresse tout particulièrement Marx. La conscience spontanée des individus émerge directement du processus de formation de la valeur. Le « cerveau des producteurs » – c'est-à-dire le processus de prise de conscience du réel – reflète ce « double caractère social des travaux privés », mais seulement « sous les formes qui apparaissent pratiquement dans le trafic, dans l'échange des produits[1] ». Ainsi le cerveau « reflète le caractère social d'égalité de ces travaux divers sous la forme du caractère de valeur qui est commun à ces choses matériellement différentes que sont les produits du travail[2] ».

L'économie politique porte donc sur une apparence que les individus prennent pour la réalité non parce qu'ils seraient trop peu intelligents, ou parce qu'ils seraient « intoxiqués » par l'idéologie, mais bien parce qu'elle est le résultat d'un processus social « naturel ». L'économie politique, donc, reflète les processus qui constituent la réalité et elle les dissimule en même temps.

1. *Ibid.*, p. 85.
2. *Ibid.*, p. 84.

4

L'échange et l'exploitation capitaliste : le procès de travail et la production de la survaleur

> « *Le capital quant à lui vient au monde dégou-
> linant de sang et de saleté par tous ses pores, de
> la tête aux pieds.* »
>
> K. Marx, *Le Capital*, livre I.

Après avoir esquissé l'analyse des processus mentaux qui constituent la réalité et nous la dissimulent en même temps et, donc, après avoir exposé la genèse du « monde fantomatique » de la marchandise, il faut en venir à ce qui est sans doute le plus connu mais pas nécessairement le mieux compris dans le travail de Marx, la théorie de l'exploitation et la genèse de la survaleur, encore appelée plus-value.

Marchandise et monnaie.
Dissolution de la communauté

Si les marchandises apparaissent dans la fantasmagorie économique comme des êtres doués de leur propre vie, elles n'en demeurent pas moins des choses : elles ne vont pas seules au marché ! Il faut des individus qui échangent et contractent. Dans le rapport « économique », les individus ne sont pas présents en tant qu'individus humains, dans toute la richesse de leurs rapports sociaux. « Les personnes n'existent ici l'une pour l'autre que comme représentants de la marchandise, et donc comme possesseurs de marchandises[1]. » Les personnes sont des masques, nous dit l'étymologie, voici qu'elles sont réduites dans l'échange marchand à n'être que les représentants des marchandises, à n'en être que les masques ! Inversion de la réalité, les personnes n'existent que comme personnification des catégories économiques. Le procès d'échange transforme les rapports entre les hommes en rapports entre marchandises représentées par leur propriétaire et tous les rapports juridiques deviennent des rapports contractuels entre personnes privées libres. Le contrat est le lien entre les individus et il n'y en a pas d'autre qui puisse lui être supérieur. Ainsi, les formes sous lesquelles s'échangent les produits du travail déterminent les catégories juridiques, et celles-ci comme toutes les catégories de la pensée sont donc bien des productions sociales et historiques[2]. Mais cette forme de contrat signifie en même temps la destruction de l'homme comme être communautaire, remplacé par le propriétaire qui agit en tant que représentant de la marchandise.

---

1. *Le Capital, op. cit.*, p. 97.
2. Ce n'est évidemment pas un hasard si les théories du « contrat social » comme fondement du politique s'imposent en même temps que le mode de production capitaliste prend son essor.

Ainsi, la marchandise dans l'échange se réduit à sa valeur : « le corps de toute autre marchandise ne vaut que comme forme phénoménale de sa propre valeur » et donc toute marchandise en vaut une autre de même valeur et voilà pourquoi « [l]a marchandise est, de naissance, une grande égalisatrice cynique : elle est toujours sur le point d'échanger non seulement son âme, mais son corps avec n'importe quelle autre, cette dernière serait-elle affublée de plus de disgrâces encore que Maritorne[1] ». Le monde de la marchandise est bien un monde où règne l'égalité. L'égalité n'est pas le principe du « communisme », mais bien celui du mode de production capitaliste... Une curieuse égalité qui égalise les marchandises et les travaux humains et produit les plus grandes inégalités de richesse.

Il reste que la marchandise qui ne vaut pour son propriétaire que pour autant qu'elle a une valeur doit trouver à s'échanger. Elle n'a pas de valeur d'usage pour son propriétaire, mais elle doit en avoir une pour l'acheteur. Si la marchandise est une non-valeur d'usage pour son possesseur et une valeur d'usage pour son non-possesseur, il faut qu'elle change de main, qu'elle passe de main en main. Pour se réaliser comme valeur d'usage, la marchandise doit donc d'abord se réaliser comme valeur (d'échange). Autrement dit, la vie (qui suppose la production des valeurs d'usage) est subordonnée à la marche de l'économie. Ainsi les hommes sont-ils soumis à la puissance aveugle de leurs échanges. C'est de cette manière que, dans le monde fantasmagorique de la marchandise, peut se produire cette chose impensable dans les sociétés antérieures : l'abondance produit la misère. Dans les crises de surproduction, il y a trop de tout et les producteurs sont jetés sur le pavé privés de tout moyen de subsistance.

Mais les échanges supposent la monnaie. « La monnaie est le cristal que produit nécessairement le processus

1. *Le Capital, op. cit.*, p. 97.

d'échange[1]» et donc la monnaie est la condition et le résultat, tout à la fois, de l'échange marchand, c'est-à-dire de cette identification des marchandises considérées comme du temps de travail coagulé. Si l'échange marchand est inséparable de la monnaie, il n'est pas pour autant une donnée anhistorique, un fait de nature, comme le pensent les économistes «bourgeois». Pour qu'un objet d'usage devienne une marchandise «en puissance», il faut qu'il ne soit plus un objet d'usage pour son producteur et cela exige tout d'abord qu'il ne lui soit plus nécessaire, qu'il ait été produit en «excédant les besoins immédiats de son possesseur». Cela n'apparaît que lorsque les forces productives sociales ont déjà un certain niveau. L'échange marchand présuppose que les individus se fassent face comme des étrangers possesseurs de choses aliénables. Une telle situation, nous dit Marx, n'existe pas dans la «communauté naturelle», quelles que soient ses formes. «L'échange des marchandises commence là où se terminent les communautés, à leur point de contact avec des communautés étrangères ou avec des membres de communautés étrangères. Mais une fois que certaines choses ont commencé d'être des marchandises à l'extérieur, elles le deviennent aussitôt par contrecoup dans la vie intérieure des communautés[2].»

De cela, nous pouvons tirer une double conclusion : là où il y a communauté, il n'y a pas échange marchand et, là où il y a échange marchand, il n'y a pas de communauté. Si le communisme est la communauté humaine réalisée, il suppose que l'échange marchand se soit éteint – car évidemment on ne peut l'abolir d'un seul coup, par décret. C'est au fond ce que Marx dit quand il s'en prend aux socialistes allemands dans la *Critique du programme de Gotha* : dans la première phase du communisme, on reste

1. *Ibid.*, p. 99.
2. *Ibid.*, p. 100.

dans le principe « à travail égal, salaire égal », on reste dans le « droit bourgeois », parce qu'on ne peut pas faire autrement, mais cela ne peut être l'objectif des communistes ! En outre, l'échange marchand est le facteur le plus puissant de dissolution des communautés. Marx, qui ne chérit guère les communautés traditionnelles, parce que la liberté ne peut s'y déployer, ne se lamente pas sur « le bon vieux temps ». Il montre simplement comment se passe ce processus de dissolution et comment se généralise l'échange marchand. Mais en même temps, la communauté joue un double rôle stratégique dans la pensée de Marx :

1. La « communauté naturelle » permet de réfuter l'idée d'une naturalité des catégories de l'économie politique, c'est-à-dire finalement du mode de production capitaliste ;

2. La socialisation de la production à grande échelle, telle qu'elle s'effectue dans le cadre même du mode de production capitaliste, permet de penser la possibilité d'une nouvelle communauté, d'une communauté libérée et des relations patriarcales antiques et de la soumission des hommes « à la puissance aveugle de leurs échanges ».

Marx montre ensuite que la forme-valeur n'apparaît comme forme indépendante que là où existe une marchandise qui puisse servir d'équivalent général. La généralisation du troc, de l'échange « marchandise contre marchandise », est tout simplement impossible et quand les propriétaires échangistes comparent les marchandises, c'est uniquement parce qu'ils peuvent les ramener à l'équivalent général. Marx insiste sur le fait que la monnaie est une marchandise. Il polémique donc contre tous ceux qui veulent réduire la monnaie à un pur signe. En un sens, certes, il n'est pas faux de dire que la monnaie est un signe, mais alors cela vaudrait pour toutes les marchandises, puisque la marchandise, en tant que valeur, n'est que l'enveloppe du travail humain dépensé pour la produire. Mais la monnaie n'est pas un produit arbitraire de la réflexion des hommes, elle émerge des formes mêmes de la vie sociale et des besoins de l'échange quand une marchandise peut commencer à fonctionner comme équivalent général de toutes les marchandises.

La circulation des marchandises

Le processus de circulation prend la forme M-A-M (Marchandise – Argent – Marchandise). Si l'échange était M-M, on aurait seulement un échange de matières du travail social : le pétrole est devenu plastique, le bois brut est devenu meuble et le meuble échangé contre un vêtement. Et, comme le dit Marx, « le processus s'efface dans le résultat de ce métabolisme[1] ». Ce terme de métabolisme est important chez Marx. La production est vue, sous un certain angle, comme métabolisme. Voyons la définition de ce terme. C'est un ensemble des réactions de synthèse, génératrices de matériaux (*anabolisme*), et de dégradations, génératrices aussi d'énergie (*catabolisme*). Ce sont des réactions qui s'effectuent au sein de la matière vivante à partir des constituants chimiques fournis à l'organisme par l'alimentation et sous l'action de catalyseurs spécifiques. L'usage que fait Marx du terme « métabolisme » n'est pas simplement métaphorique. Il indique que l'échange sous cette forme primitive renvoie à une fonction vitale. Le travail, comme production, est conçu explicitement comme métabolisme de l'homme et de la nature et cela des *Manuscrits de 1844* jusqu'au *Capital*. L'échange des matières du travail social appartient donc à ce que Michel Henry appelle la « téléologie vitale[2] ». Une nouvelle fois, nous pouvons souligner, avec Michel Henry, que les catégories économiques ne sont pas à l'origine. À l'origine, il y a le besoin de l'individu,

1. *Ibid.*, p. 120.
2. Voir M. Henry, *Marx*, *op. cit.*

le besoin vital qui engendre l'activité permettant de satisfaire ce besoin, qui engendre à son tour le besoin. La
« pratique » au sens où l'entend Marx est cette activité
de base des hommes qui fonde toutes les formes de la
pensée. Autrement dit, l'origine des catégories économiques est extra-économique. Marx analyse les conditions
qui font apparaître la vie réelle comme le mouvement
de ces catégories économiques. Il montre comment c'est,
pratiquement, dans le procès de production que s'opère
cette inversion de la réalité dans le cerveau des acteurs.
Mais il y a bien, au point de départ, une activité pratique
qui s'impose nécessairement aux hommes. La division du
travail est, dit encore Marx, un « organisme de production
qui se crée naturellement ».

Mais précisément, nous devons analyser ce qui se passe
non pas dans la sphère de la production de la vie, mais dans
celle de l'économie. Le processus M-M (la forme la plus
simple de l'échange de deux marchandises) s'effectue sous
une forme spéciale que l'on peut diviser en deux phases :

1. M-A : c'est le « *salto mortale* », le saut mortel : la valeur
de la marchandise « quitte sa chair de marchandise pour
s'incarner dans celle de l'or[1] ». Saut mortel, car s'il est raté,
c'est le possesseur de marchandise qui s'écrase au sol. Il
faut que la marchandise satisfasse un besoin social. Cela
suppose que sa valeur d'usage corresponde à un usage réel !
Il faut ensuite que le prix de la marchandise, « exposant
de sa grandeur de valeur », corresponde au quantum de
travail social dépensé pour la produire. Le producteur
pourrait très bien avoir dépensé une trop grande partie
du temps de travail social, mais sur le marché il ne peut
demander que la moyenne.

2. A-M : c'est la seconde métamorphose de la marchandise. En réalité les deux processus, les deux « métamorphoses », sont les deux pôles opposés du même processus.

1. *Le Capital*, livre I, *op. cit.*

Les deux formes de la marchandise, forme-marchandise et forme-monnaie, existent simultanément.

Marx souligne la différence essentielle entre l'échange immédiat des produits et la circulation des marchandises. L'échange des marchandises brise les limites individuelles et locales de l'échange immédiat des produits et développe le métabolisme du travail humain. Le procès de circulation ne s'éteint pas, à la différence de l'échange immédiat des produits du travail. Mais c'est du côté de la monnaie que s'effectue la continuité du mouvement. C'est d'ailleurs pour cette raison qu'il est vain de vouloir dissocier le capital productif de la spéculation.

La formule générale du capital

Le concept de la monnaie que Marx produit permet de donner la formule de la circulation des marchandises : M-A-M. La marchandise qui « aime l'argent » s'échange contre une certaine somme qui permet d'acquérir une nouvelle marchandise. L'argent circule en tant qu'argent, comme moyen d'échange. Mais « la circulation des marchandises est le point de départ du capital ». Que « produit » cette circulation ? Tout simplement la monnaie qui est la première forme phénoménale du capital. C'est d'ailleurs sous cette forme qu'il se présente d'abord historiquement face à la propriété foncière (fortune en argent, capital commercial et capital usuraire).

L'argent ne devient capital que lorsque la formule de la circulation M-A-M subit une transformation radicale et devient : A-M-A, « marchandise-argent-marchandise » devient « argent-marchandise-argent ». Les phases de la circulation apparaissent maintenant dans l'ordre inverse. Cette inversion peut paraître étrange. Pourquoi acheter 100 € de blé pour le revendre et obtenir 100 €. En fait, mes 100 € ne deviennent un capital que si j'achète 100 €

le blé et que je le revends, par exemple, 110 €. Le cycle du capital est donc A-M-A' (ou A' = A + ΔA). Mais comment comprendre ce passage de 100 € à 110 €? On a vu que les marchandises, en moyenne et compte non tenu des fluctuations des prix dans un sens et dans l'autre, s'échangent à leur valeur.

Dans la première formule, on commence par la vente et on termine par l'achat. Le bien acheté est consommé et le processus peut s'arrêter. C'est l'argent qui médiatise l'échange et la finalité est extérieure au processus: c'est la consommation. Dans la circulation du capital, on commence par l'achat et on termine par la vente: cette fois c'est à la marchandise « en chair et en os » de servir de médiation. Et surtout le processus ne s'arrête pas! Si l'argent est simplement dépensé en tant qu'argent, le capital sort de son rôle (vieille maxime: ne pas manger le capital!) et si l'argent est thésaurisé, le processus s'interrompt. Mais le problème que pose la circulation du capital est justement d'échapper à ces deux destins funestes: il faut « valoriser la valeur ». Comme le dit Marx: « Le mouvement du capital n'a donc ni fin ni mesure[1]. »

C'est la clé de voûte de la critique de l'économie politique. Le capitaliste n'est pas un tyran personnel: il est du capital personnifié. De ce point de vue, le mode de production capitaliste est aussi l'aliénation du capitaliste en tant qu'individu humain; sa pensée et sa volonté sont réduites au rôle de pensée et de volonté du capital. À sa manière, mais évidemment la manière compte, il est lui aussi dominé par la puissance aveugle de ses échanges. Si le capitaliste est du capital personnifié, le véritable sujet, ce n'est pas le capitaliste... ni le prolétariat, mais le capital lui-même. « La valeur passe constamment d'une forme dans l'autre, sans se perdre elle-même dans ce mouvement, et elle se transforme ainsi en un sujet

---

1. *Ibid.*, p. 172.

automate. [...] La valeur devient ici le sujet d'un procès dans lequel, à travers le changement constant des formes-argent et marchandise, elle modifie sa grandeur elle-même, se détache en tant que survaleur d'elle-même en tant que valeur initiale, se valorise elle-même. Car le mouvement dans lequel elle s'ajoute de la survaleur est son propre mouvement, sa valorisation, donc une autovalorisation. Elle a reçu cette qualité occulte de poser de la valeur parce qu'elle est valeur. Elle fait des petits vivants – ou, pour le moins, elle pond des œufs d'or[1]. » Ce sujet automate, c'est très exactement ce qui se déploie sous nos yeux aujourd'hui avec l'intégration de tous les secteurs de la vie sociale dans le mouvement général et la soumission de toute l'économie à la circulation du capital financier ! Le capital doit produire de la valeur, toujours plus de valeur et toute la vie doit être soumise à l'appétit du Moloch, qui engloutit non seulement les travailleurs mais aussi des foules de petits ou gros spéculateurs. Le monde fantastique de l'économie élimine la vie. Et cela nous obnubile tant que nous ne voyons plus rien d'autre, que la vie concrète des hommes de chair et de sang est rendue invisible. Sous les reportages narrant quelque catastrophe, les chaînes d'information en continu n'oublient jamais de faire défiler un bandeau annonçant les cours des bourses mondialisées.

Si on a vu en quoi consiste la circulation de l'argent comme capital, nous ne sommes pas plus avancés pour comprendre d'où vient ce capital additionnel qui « valorise la valeur ». Les marchandises s'échangent en moyenne à leur valeur et comme il n'y a ni rapine ni escroquerie, l'échange ne devrait rien rapporter. Ce n'est pas dans la sphère de la circulation que s'accomplit la métamorphose de l'argent en capital. « Sa métamorphose en papillon doit se produire à la fois dans la sphère de la circulation

1. *Ibid.*, p. 173-174.

et tout aussi ne pas s'y produire nécessairement. Telles sont les conditions du problème. *Hic Rhodus, hic salta*[1] !»

Procès de production et procès de valorisation

C'est là qu'il faut sauter! Que se passe-t-il dans le cycle A-M-A'. Où se passe la transformation? Elle ne peut porter que sur la marchandise. Premier moment, A-M: la marchandise est achetée à sa valeur. Si elle était revendue, elle le serait à sa valeur et on aurait M-A. Donc il faut que la transformation ait lieu sur la marchandise en tant que valeur d'usage. Or la valeur d'usage d'une marchandise, c'est sa consommation! Il faut donc trouver sur le marché une marchandise extraordinaire (une sorte de poule aux œufs d'or) «dont la valeur d'usage possédât cette particularité d'être source de valeur, dont la consommation effective serait elle-même objectivation de travail et donc création de valeur». Cette marchandise, c'est la puissance de travail ou force de travail humaine, c'est-à-dire «le résumé de toutes les capacités physiques et intellectuelles qui existent dans la corporéité, la personnalité vivante d'un être humain, et qu'il met en mouvement chaque fois qu'il produit des valeurs d'usage, ou encore la force de travail[2]».

Ce que le travailleur vend, c'est sa puissance de travail, *Arbeitskraft*, et celle-ci est l'expression de la puissance subjective de l'individu, de son corps vécu ou de son corps vivant auquel se rapporte toute affectivité: travailler engage toute l'attention, demande de réfléchir à ses gestes, exige des efforts et oblige à subir l'environnement du travail, la chaleur, le bruit, la poussière. L'être tout entier se donne à sa tâche. L'ouvrier ne vend donc pas son corps, si on considère le corps comme une chose parmi les choses,

1. «Voici Rhodes, c'est là qu'il faut sauter!» *Ibid.*, p. 183-184.
2. *Ibid.*, p. 188.

c'est bien plutôt, pourrait-on dire, son âme qu'il vend au diable. Le capitaliste achète une puissance vivante et non une chose dont il disposerait à sa convenance – comme le maître dispose de ses esclaves ou l'ouvrier de ses outils.

L'apparition de cette «marchandise miraculeuse», la force de travail, repose sur des conditions historiques préalables. Pour que le rapport proprement capitaliste puisse se développer, il est nécessaire, tout d'abord, qu'il y ait des capitalistes, c'est-à-dire qu'il y ait eu une accumulation initiale d'argent prêt à fonctionner comme capital. Contrairement à la légende dorée du libéralisme, le mode de production capitaliste ne sort pas naturellement de la production marchande, par l'extension du marché et l'ingéniosité des «producteurs-échangistes». La plupart du temps, les producteurs-échangistes de la petite production marchande vont quitter la scène, chassés *manu militari* par les propriétaires fonciers, par les concussionnaires disposant de privilèges royaux, par les grandes compagnies qui opèrent dans le commerce au loin et trafiquent les matières précieuses autant que les esclaves. Si on faisait le compte des massacres, des morts de famine et de déportations, des morts au travail et des morts tout simplement parce que leur tête ne revenait pas au bon Blanc chrétien qui passait par là, on s'apercevrait que les massacres du XXe siècle sont vraiment limités compte tenu des moyens techniques disponibles. Sans chambre à gaz, sans mitrailleuse, sans trains et sans la chimie moderne, les colons espagnols ont conduit à la mort des millions d'Indiens d'Amérique en à peine trois ou quatre décennies. Beaucoup plus près de nous, il y a l'exemple de l'invraisemblable coût humain et la cruauté sans borne de l'exploitation des richesses du Congo à la fin du XIXe siècle, le Congo qui était alors non pas une terre du royaume de Belgique, mais la propriété personnelle du roi des Belges... Si on ajoute à cela les millions de paysans morts de famine en Europe, on aura un tableau un peu plus réaliste des

« bienfaits » du libéralisme capitaliste. Après avoir rappelé la réalité de cette première accumulation, Marx conclut : « Si, l'argent, comme le dit Augier, "vient au monde avec des taches de sang naturelles sur la joue", le capital quant à lui vient au monde dégoulinant de sang et de saleté par tous ses pores, de la tête aux pieds[1]. »

L'accumulation initiale du capital réalisée par les moyens qu'on vient de rappeler, une nouvelle scène historique se joue. Nous avons maintenant le premier personnage, « l'homme aux écus ». L'homme aux écus a de l'argent et il veut en avoir encore plus. La marchandise que cherche l'homme aux écus pour se transformer en capitaliste, c'est cette force de travail. Encore faut-il qu'il trouve des vendeurs. Le producteur-échangiste isolé vend non pas sa force de travail, mais le produit de son travail. Un travailleur indépendant, vendant son temps de travail, comme un prestataire de services, ne fait pas non plus l'affaire. Il faut donc trouver quelqu'un qui n'ait d'autre marchandise à vendre que sa force de travail et ce ne peut pas non plus être un esclave. « Pour que son possesseur puisse la vendre comme marchandise, il faut qu'il puisse en disposer, qu'il soit donc le libre propriétaire de sa puissance de travail, de sa force de travail, de sa personne[2]. »

Le mode de production capitaliste présuppose donc la liberté au sens le plus immédiat du droit bourgeois : être propriétaire de soi-même. Le sujet abstrait du droit bourgeois, le propriétaire, doit donc déjà être posé comme représentant de l'homme en général. Le mode de production capitaliste est incompatible avec l'esclavage ! C'est pourquoi d'ailleurs les Yankees n'ont pas hésité à mener une guerre particulièrement longue et meurtrière contre les États confédérés sudistes pour imposer l'abolition de l'esclavage. Sous cet angle, nous devons convenir

1. *Ibid.*, p. 853.
2. *Ibid.*, p. 188.

que le règne du capital a été libérateur, à sa manière capitaliste, évidemment ! La fiction juridique du contrat de travail et la fiction économique du marché du travail exigent qu'acheteur et vendeur de la force de travail soient également libres. Liberté, égalité…

Pour que le possesseur de force de travail puisse continuer à vendre sa force de travail, il doit en concéder temporairement la jouissance, mais ne peut l'aliéner complètement – sinon il deviendrait un esclave. Pourquoi le capitaliste n'est-il pas un esclavagiste ? On peut dire – bien que ce ne soit pas le seul facteur – que c'est parce que ça coûte au total moins cher ! Mais, du même coup, en tant que propriétaire d'une puissance de travail qui n'est jamais totalement aliénée, le travailleur doit défendre sa force de travail. Le capitaliste ne peut pas en user de telle sorte que le lendemain le travailleur n'ait plus rien à vendre. Autrement dit :

– D'un côté, le capitaliste en tant qu'acheteur de la force de travail, use de cette marchandise comme bon lui semble et donc croit pouvoir la faire travailler jour et nuit.

– De l'autre côté, le travailleur en tant que vendeur a le droit d'empêcher le capitaliste de la détériorer et il est donc fondé à limiter la journée de travail. Droit contre droit ! Voilà comment se développera le conflit autour de la question de la limitation légale de la journée de travail. Et entre deux droits égaux, c'est évidemment la force qui tranche.

Comment est apparu ce travail « libre à un double point de vue », libre parce qu'il n'a pas à supporter le « fardeau » de la propriété des moyens de production et libre de vendre sa force de travail ? Là encore, il faut revenir à l'histoire. Marx montre comment ce processus s'est déroulé en Grande-Bretagne, à partir de l'époque élisabéthaine. Les *enclosures*, les clôtures des terres communes des paysans pour y mettre les élevages de mouton des « *landlords* », chassent, en plusieurs vagues, des millions de paysans de leurs terres et les transforment en travailleurs libres... de tout moyen de production.

Le capital naît de ces deux sources de la prétendue «accumulation primitive», le colonialisme et l'expro- priation des paysans, c'est-à-dire qu'il présuppose deux séries de développements qui n'ont rien de directement économique, mais procèdent, l'un comme l'autre, de l'action violente des classes dominantes et, notamment, des forces armées de l'État, ce qui n'est pas sans conséquence quant à la conception que Marx se fera de l'État, « bande d'hommes armés au service du capital ». Néanmoins, s'il naît dans la violence, le mode de production capitaliste ne repose pas sur la violence – c'est encore une énorme différence avec l'esclavage. Le processus «purement écono- mique» doit suffire et naturellement il trouve les formes institutionnelles, juridiques et idéologiques adéquates.

Nous avons donc maintenant des capitalistes prêts à faire fonctionner leur argent comme capital et, face à eux, des vendeurs de force de travail, des ouvriers (capables de faire de l'ouvrage) transformés en prolé- taires (des gens qui n'ont pas d'autre richesse que leur progéniture!). La question qui se pose maintenant est de savoir comment est déterminée la valeur de la force de travail. La réponse, théorique, tient en peu de mots : «La force de travail proprement dite ne représente qu'un quantum déterminé de travail social moyen objectivé en elle[1].» La valeur de la force de travail est donc tout simplement la valeur des marchandises nécessaires à sa production et à sa reproduction. L'individu étant donné, le capitaliste n'achète évidemment pas l'individu, mais simplement sa disposition à travailler, laquelle ne peut être produite et reproduite qu'en consommant chaque jour une quantité déterminée de marchandises néces- saires à la vie. Cependant, Marx ne dit jamais que la valeur

1. *Ibid.*, p. 192.

de la force de travail se réduit au «minimum vital». Il n'y a aucune «loi d'airain des salaires» (qu'on trouve bien plus chez Ricardo que chez Marx) ni aucune paupérisation absolue: «L'ampleur des besoins dits nécessaires ainsi que la manière de les satisfaire sont eux-mêmes un produit historique et, du coup, dépendent en grande partie du degré de civilisation d'un pays[1]...» L'élément historique et moral est décisif: chaque société, à chaque époque historique, se forge une certaine conception de ce qui est acceptable et de ce qui ne l'est pas. Il faut en outre ajouter que le propriétaire de force de travail étant mortel, il faut assurer le remplacement des marchandises «force de travail» disponibles sur le marché et donc la valeur de la force de travail inclut nécessairement «les moyens de subsistance des remplaçants». Mais la valeur totale des marchandises qui permettent de produire et de reproduire la force de travail est nécessairement inférieure à la somme d'heures de travail que le capitaliste pourra tirer de la «consommation» de la force de travail. Voilà le secret du capital qui commence à pointer.

Le procès de travail en général et dans le mode de production capitaliste

Notre capitaliste a de l'argent, il peut maintenant acheter de la force de travail et des moyens de travail. Comment cela produira-t-il du capital additionnel, c'est-à-dire une survaleur[2]? La production de la survaleur est en effet ce qui explique la «valorisation de la valeur»,

---

1. *Ibid.*, p. 192.
2. J.-P. Lefebvre justifie l'emploi de «survaleur» comme plus adéquat au système conceptuel de Marx et moins confus que le mot «plus-value» utilisé de manière assez indifférenciée dans le langage courant.

c'est-à-dire l'accumulation du capital. Si la formule du capital, c'est A → M → A + ΔA, il faut maintenant expliquer ce «ΔA», cette valeur additionnelle, et pour cela il faut, en premier lieu, quitter la sphère de la circulation pour plonger dans celle de la production, là où se déroule le «procès de travail», quitter le marché pour descendre dans la salle des machines. Le terme de procès a été explicitement défendu par Marx, y compris pour la traduction française, et il a un sens bien précis. Un procès n'est pas n'importe quelle action. Il s'agit d'un déroulement qui s'oriente vers une fin: dans son essence, le travail est une activité finalisée et non n'importe quelle dépense d'énergie ou de peine. En second lieu, le procès de travail est d'abord conçu comme le métabolisme de l'homme et de la nature. L'usage de ce terme de physiologie indique bien que le travail est d'abord un processus naturel (voir *supra*).

Mais ce premier rapport naturel contient déjà sa transformation. Le travail humain ne se contente pas de reproduire les conditions de la vie – à la manière des activités des animaux. Il transforme et la nature et l'homme lui-même. Il est donc bien le point de départ d'une histoire. Ce qui intéresse Marx, ce n'est donc pas le travail comme processus physique, biologique, mais le fait qu'il est aussi la manifestation de la subjectivité humaine et c'est en cela qu'il est proprement humain. Le travail est un processus dialectique. Il modifie la nature extérieure et, ce faisant, l'homme modifie sa propre nature. Le travail présente une forme «instinctuelle» et une forme proprement humaine. «Nous supposons donc ici le travail sous une forme qui appartient exclusivement à l'homme. Une araignée accomplit des opérations qui s'apparentent à celle du tisserand, et l'abeille en remontre à maint architecte humain dans la construction de ses cellules. Mais ce qui distingue d'emblée le plus mauvais architecte de la meilleure abeille, c'est qu'il a construit la cellule dans sa tête avant de la construire dans la cire. Le résultat auquel aboutit le travail était déjà au commencement dans l'imagination du travailleur, existait donc déjà en idée. Non pas qu'il effectue simplement une modification dans la forme de la réalité naturelle : il y réalise en même temps son propre but qu'il connaît, qui détermine comme une loi la modalité de son action, et auquel il doit subordonner sa volonté[1]. »

Le travail est une activité finalisée et non une activité instinctive – c'est précisément pour cette raison que la réduction de l'ouvrier à un simple élément d'un procès de production qu'il ne maîtrise jamais peut être caractérisée comme aliénation. On remarquera aussi que le travail est une activité aussi intellectuelle que manuelle – ici Marx suit les analyses de Hegel dans les *Principes de la philosophie du droit*. Mais ce qui est vu positivement chez Hegel n'est pas vu de manière aussi univoque chez Marx. Le travail, ce n'est pas une partie de plaisir ! Et ce, quelles que soient les formes sociales qu'il prend. Le travail ne rend pas libre en lui-même. Il est toujours une contrainte, une discipline du corps et de l'esprit et une « soumission ».

Ces caractéristiques se retrouvent dans l'analyse du procès de travail. Le procès de travail met en œuvre :

1. La *puissance personnelle* du travailleur (énergie, capacités intellectuelles, habileté).

2. Des *objets de travail* (matière première ou matière déjà transformée) qui forment le substrat d'où sortira le produit.

3. Des *moyens de travail* (outils). Le procès de travail est orienté vers une fin (il s'éteint dans le produit). Ce que l'homme trouve dans la nature et qui peut servir à ses propres fins est converti en produit humain (humanisation de la nature). Le moyen de travail est médiation entre l'homme et l'objet physique (naturel). Le moyen de travail prolonge l'homme. Ce qui est artificiel, pur produit de l'activité humaine, est ainsi naturalisé (naturalisation de l'homme).

1. *Ibid.*, p. 200.

Marx souligne que n'importe quel travail, même dans les conditions les plus frustes, les plus primitives, est production. Il y a donc dans le procès de travail un rapport essentiel à la nature – ce qui devrait faire réfléchir tous ceux qui s'intéressent aux questions «écologiques» tant est-il qu'on ne peut sérieusement réfléchir aux rapports de l'homme à la nature sans se poser la question des rapports sociaux de production. La nature fournit des objets de travail «tout préparés». De ce point de vue, la nature est la première pourvoyeuse de richesse – et donc toute richesse ne vient pas du travail et toute richesse ne peut se résumer à la forme marchandise. C'est seulement la domination totale de la marchandise qui exige que les ressources produites par la nature soient à leur tour évaluées en leur fixant un prix.

Le travail n'est que la manière dont l'homme utilise les forces de la nature «conformément à son but». Il ne crée pas *ex nihilo*, mais ordonne les puissances naturelles et les siennes propres conformément à ce que sa raison lui dicte. Dans le domaine de la production des moyens de la vie, la liberté ne peut consister qu'en cette capacité de la raison d'ordonner les forces qui conditionnent l'existence humaine selon une ligne qui permet la réalisation de ce qui est utile à l'homme. La liberté et le déterminisme naturel ne s'excluent mutuellement que dans une pensée dogmatique qui part de catégories figées et oublie cette médiation pratique qu'est la raison agissante qui, justement, réconcilie déterminisme et liberté. Le propre du mode de production capitaliste est de transformer l'ouvrier en moyen de travail qu'il fait agir conformément au but du capitaliste. C'est pourquoi la domination du capital ne saurait se réduire à l'exploitation (extorsion du travail gratis) puisque celle-ci n'est pas propre au mode de production capitaliste, l'esclavagisme comme le féodalisme étaient aussi des modes d'exploitation contraignant des individus à travailler gratuitement pour les dominants.

La domination du capital implique une transformation radicale du travailleur lui-même qui devient un moyen des moyens de production, une perte de son essence humaine et donc une aliénation.

On ne peut limiter les « moyens de travail » aux choses (outils, machines), il faut y inclure « toutes les conditions objectives requises en général pour que ce procès ait lieu », comme la division du travail, la coopération, la qualification requise, etc. Mais « le moyen de travail universel est de nouveau la terre elle-même ; car c'est elle qui procure au travailleur son *locus standi* et le champ d'action (*field of employment*) de son procès de travail. Les bâtiments industriels, canaux, routes, etc., sont des exemples de ce genre de moyens de travail déjà fournis par la médiation du travail[1] ».

L'activité de l'homme, en modifiant la matière, lui donne forme et s'éteint dans un produit. Que la fabrication soit celle d'un bijou qui passera de génération en génération ou d'un éclair au chocolat qui sera englouti dans l'heure qui suit, cela ne change rien à l'affaire : le joaillier a fabriqué un bijou et le pâtissier un éclair au chocolat, et c'est bien de fabrication dont il s'agit dans les deux cas. « Le travail s'est combiné à son objet. » Le travail est l'activité de l'homme, il se définit subjectivement. L'objet se tient face à l'homme – c'est le propre d'un objet, tel que l'étymologie le définit. Le travail est donc un rapport sujet / objet. Et ce rapport fait passer la subjectivité active (mobile) dans l'objet qui devient objectivation du travail. La réalité subjective vivante de l'individu devient réalité objective « en repos » du produit qui est, dit Marx, « dans la forme de l'être » – l'être s'oppose au devenir. Le travailleur s'affirme par son activité en niant la nature donnée qui est modifiée, soumise à l'esprit. Mais la troisième phase est la négation de l'activité du travailleur :

1. *Ibid.*, p. 202.

le produit du travail qui est objectivé n'appartient plus au travailleur, mais s'en est détaché. Affirmation, négation, négation de la négation, c'est-à-dire identité de l'identité et de la différence : le mouvement de l'esprit hégélien est transféré par Marx dans le mouvement même de la vie sociale. C'est peut-être pour cette raison que Lénine disait qu'on ne peut comprendre *Le Capital* sans comprendre la *Science de la logique* de Hegel...

Dans le procès de production entrent des valeurs d'usage dont la place peut changer. Le produit peut devenir un moyen de travail. La broche est un produit du fabricant de broches, mais elle est un moyen de travail du fileur. C'est finalement le procès de travail lui-même qui donne aux choses leur fonction, non leur qualité physique proprement dite, leur qualité intrinsèque. Par exemple, le chou que je donne à mes vaches est un moyen pour moi de produire du lait, mais si je le mange, il devient un simple produit que je consomme. Le procès de travail distingue les divers éléments en lesquels l'analyse le décompose ; cette distinction ne vient pas de quelque qualité des choses. La caractéristique essentielle du procès de travail réside en ceci : les valeurs d'usage y sont jetées et, mises en contact avec le travail vivant, sont conservées et utilisées. La quantité de travail qui y est cristallisée est incorporée au produit nouveau. Il en va de même pour la force de travail. Dans le procès de travail, elle est incorporée au produit final. Mais c'est là que s'accomplit le miracle ! C'est la force de travail qui donne vie aux produits du travail en tant qu'ils sont utilisés comme moyens de travail.

Ainsi nous voyons comment production et consommation passent l'une dans l'autre. Ces deux termes opposés ne sont que deux moments du même processus, le procès de production. « Le travail consomme ses éléments matériels », « il les mange ». Donc le procès de production est aussi un procès de consommation. « Cette consommation productive se distingue de la consommation individuelle en ceci que cette dernière consomme les produits comme moyens de subsistance de l'individu vivant, tandis que l'autre les consomme comme moyens de subsistance de son travail, c'est-à-dire de sa force de travail en action. Le produit de la consommation individuelle est donc le consommateur lui-même, tandis que le résultat de la consommation productive est un produit distinct du consommateur[1]. »

Distinction importante : la consommation individuelle a pour finalité l'individu vivant lui-même. Si le procès de travail exprime la « téléologie vitale » (pour reprendre encore une fois l'expression de Michel Henry), on ne peut nullement confondre la consommation productive et la consommation individuelle. Au contraire, dans le mode de production capitaliste, la consommation individuelle n'a plus d'autre finalité que de fournir les moyens de subsistance du travail, c'est-à-dire la survie de la force de travail. Ce qui était la fin du processus en est maintenant un simple moyen. Ce renversement de la fin et des moyens est une nouvelle forme de l'aliénation.

Dans un premier temps, le procès de travail lui-même n'est pas modifié par le fait qu'il passe sous le contrôle du capitaliste. Il faudra pour cela du temps, le temps de passer de la soumission formelle à la soumission réelle du travail au capital. Les deux caractéristiques fondamentales du mode de production capitaliste sont les suivantes : « Le travailleur travaille sous le contrôle du capitaliste à qui son travail appartient. Le capitaliste veille à ce que le travail avance comme il faut et à ce que les moyens de travail soient correctement utilisés, à ce que le matériau brut ne soit pas gaspillé, et à ce que l'on épargne l'instrument de travail, c'est-à-dire à ce qu'il ne soit détruit que dans la mesure où son usage pour le travail l'impose. Mais, deuxièmement : le produit est la propriété du capitaliste

1. *Ibid.*, p. 206.

et non du producteur immédiat, le travailleur. Le capitaliste paie, par exemple, la valeur journalière de la force de travail. Son usage lui appartient pour la journée, comme celui de toute autre marchandise qu'il aurait louée pour un jour (un cheval, par exemple). L'usage de la marchandise appartient à son acheteur et le possesseur de la force travail, en fournissant son travail, ne fournit que la valeur d'usage qu'il a vendue. À partir du moment où il est entré dans les ateliers du capitaliste, la valeur d'usage de sa force de travail a appartenu au capitaliste, et donc aussi son usage, le travail[1]. »

Ces deux points sont importants. Le premier indique que le capitaliste a une fonction utile dans le procès de production : il en est l'organisateur et finalement, quel que soit le mode de production, il est nécessaire que ce genre de fonction soit accompli, que ce soit par le propriétaire des moyens de production, par un directeur salarié ou par un collectif élu par les travailleurs. Mais dans ces deux derniers cas, le capitaliste devient purement parasitaire – et d'ailleurs il tend à disparaître en tant qu'individu pour être remplacé par des institutions (sociétés par actions, fonds de placement, etc.).

En ce qui concerne le deuxième point, il est capital. Il exprime la « réification » du travail vivant. Le contrôle du procès de production par le capitaliste transforme le travailleur en chose et le procès de travail en un simple processus naturel (comme la fermentation).

Le procès de valorisation

Comment le produit du travail se transforme-t-il en valeur ? Le procès de travail produit des valeurs d'usage, mais le capitaliste ne produit pas les valeurs d'usage par

1. *Ibid.*, p. 208.

amour des valeurs d'usage : « La valeur d'usage n'est pas une chose qu'on aime pour elle-même. » Pour le capitaliste, ce qui importe c'est d'abord que la valeur d'usage produite soit aussi une valeur d'échange, une marchandise, et ensuite que la valeur de cette marchandise soit supérieure à la somme des valeurs des marchandises englouties dans le procès de production. Il découle de cela que le procès de production est l'unité du procès de travail et du procès de formation de valeur. Comment les choses se passent-elles ? On a vu que la valeur de la marchandise est « déterminée par la quantité de travail matérialisé dans sa valeur d'usage par le temps de travail socialement nécessaire à sa production ». Calculons donc :

1. Il faut disposer de matières premières (le capitaliste les achète à leur valeur).

2. Il faut disposer de machines dont une part de la valeur est transmise à chaque marchandise produite. C'est un peu ce que les comptables calculent dans les amortissements.

3. Il faut encore du temps de travail pour mettre en œuvre la production.

Le temps de travail dont on parle ici est du « travail général », qu'il s'agisse de filer du coton ou de fondre des canons, c'est indifférent à ce point de l'analyse. La qualité du travail n'importe plus, ce qui compte, c'est sa quantité.

Au début de la journée, le capitaliste a avancé une somme qui correspond aux matières premières, au moyen de travail et au salaire[1], et à la fin de la journée il se trouve en possession de produits dont la valeur est égale à la somme avancée augmentée de la part correspondant au travail gratis que procure la consommation de la force de travail. La matière elle-même ne vaut plus que comme « substance qui aspire une quantité de travail déterminée[2] ».

1. En réalité, c'est le travailleur qui fait l'avance de sa force travail... et évidemment c'est une question importante.
2. *Le Capital*, *op. cit.*, p. 214.

L'échange et l'exploitation capitaliste

Supposons qu'en quatre heures le travailleur ait produit l'équivalent de la valeur de sa force de travail (son salaire). On pourrait penser que le capitaliste en a pour son argent si son ouvrier a travaillé quatre heures et compensé ainsi la dépense faite pour l'achat de sa force de travail. Mais il n'en va pas ainsi. L'ouvrier n'est pas un travailleur indépendant qui facture sa prestation au capitaliste ; il est un vendeur de force de travail et sa force de travail étant vendue, le capitaliste peut en disposer selon les termes du contrat (par exemple, pendant huit heures). Donc l'ouvrier travaillera encore quatre heures en «surplus», il fournira un surtravail de quatre heures. Ce surtravail tombe illico dans la poche du capitaliste qui l'empoche en faisant mine de ne pas savoir que c'est là du travail gratis, mais que ce serait au contraire une compensation qui lui serait due à lui en tant que capitaliste. Comment justifier la nécessité d'une survaleur ? Marx énonce les arguments classiques :

– Le capitaliste n'a pas avancé son argent pour rien ! S'il n'en peut rien tirer, il le gardera pour lui – mais on ne se nourrit pas d'argent...

– Sans l'argent du capitaliste, le fileur n'aurait jamais pu filer – les capitalistes, c'est bien connu, «donnent du travail» au travailleur qui doit leur en savoir gré.

– On devrait récompenser son abstinence puisqu'il aurait très bien pu dépenser improductivement cet argent au lieu de le jeter dans le procès de production.

– On devrait payer son travail d'organisateur – «en entendant ainsi parler le capitaliste, son surveillant et son manager haussent les épaules[1]».

«Toute cette litanie n'est qu'une mauvaise plaisanterie», dit Marx et il faut abandonner ces formules creuses et ces faux-fuyants véreux «aux professeurs d'économie

1. *Ibid.*, p. 217.

politique qui sont payés pour ça[1]». Cette propriété qu'a la force de travail de produire plus de valeur qu'elle n'en a coûté n'a rien de mystérieux. Elle renvoie à quelque chose d'aussi ancien que l'homme lui-même : en une journée, un homme peut travailler plus qu'il n'est nécessaire à son entretien et peut donc produire un surplus. Rien de plus simple. Quand le travail est assez productif ou quand l'habitude de travailler est devenue une seconde nature, une partie de la population peut commencer à vivre du travail de l'autre. L'extorsion du travail gratis est visible, sans fard, dans l'esclavagisme ou dans le féodalisme (par exemple, avec le système de la corvée). Dans le mode de production capitaliste, elle est tout aussi efficace et même plus parce qu'elle est camouflée sous la forme de l'échange contractuel entre le capitaliste et le travailleur. Le manant qui donne trois jours de corvées à son seigneur sait parfaitement qu'il est soumis et qu'il donne son temps de travail et sa sueur à son seigneur, lequel se contente de justifier cela par son appartenance à la «race des seigneurs». L'ouvrier croit ne rien donner à son patron puisque c'est le patron qui lui donne du travail!

La production capitaliste dissimule la réalité des rapports sociaux, elle produit de l'idéologie en même temps que des marchandises. L'extorsion du travail gratis est exploitation, mais celle-ci a pour condition les formes de conscience aliénée que produit spontanément le procès de production.

1. *Ibid.*

5

La dynamique
du mode de production capitaliste

« La véritable barrière de la production capitaliste, c'est le capital lui-même. »

Karl Marx, *Le Capital*, livre III.

Le mode de production capitaliste opère le grand renversement de l'économique en chrématistique – pour reprendre avec Marx les concepts aristotéliciens –, c'est-à-dire d'une production orientée vers les besoins à une production orientée vers l'accumulation d'argent. Il ne s'agit plus d'une production en vue de l'usage, mais d'une production de valeur, d'un processus indéfini de valorisation de la valeur. Le cycle vital est transformé en cycle de la valeur, cycle mortel comme le montrera Marx.

La suppression de la petite production marchande aux mains de producteurs indépendants et l'organisation de la manufacture d'abord, puis de l'usine mécanisée moderne sont les étapes d'une transformation radicale. Il ne s'agit pas seulement de savoir qui dirige le processus de production, mais aussi de saisir toute la portée des transformations des rapports de propriété. En vendant sa force de travail au capitaliste, le travailleur s'est non seulement dessaisi du produit de son travail, mais aussi de sa force de travail elle-même, dont le capitaliste fait l'usage qui lui convient comme de toute marchandise qu'il a achetée. Cette deuxième caractéristique exprime la réification du travail vivant, c'est-à-dire la transformation de la vie humaine en simple moyen, en chose – on parle de nos jours de «ressources humaines». Il ne reste qu'à développer les implications de cette première analyse.

Le monde des morts-vivants. Capital constant et capital variable : une distinction essentielle

Pour le capitaliste, le profit attendu est celui qui est attaché au capital avancé tout entier : l'argent doit faire des petits et c'est tout. Mais du point de vue de l'analyse du procès de production, il faut distinguer capital constant et capital variable, le premier correspondant aux machines, aux locaux et aux matières premières, et le second à la part que le capitaliste consacre à l'achat de la force de travail. Les économistes ont coutume de parler des différents «facteurs» de la production : facteur travail, facteur capital, etc. Tout est alors confondu et cela permet de dire que le capital produit de la valeur. Marx démonte cette construction apologétique. Le processus de production peut se résumer ainsi :

1. L'ouvrier ajoute de la valeur à l'objet du travail «par l'ajout d'un quantum déterminé de travail». C'est seulement le travail vivant qui ajoute de la valeur à l'objet du travail, puisque, s'il n'y avait pas cette incorporation de travail vivant dans l'objet du travail, sa valeur resterait inchangée.

2. Marx ajoute : «D'un autre côté, nous retrouvons les

valeurs des moyens de production consommés comme composantes de la valeur du produit, par exemple les valeurs du coton et des broches dans la valeur du fil. La valeur des moyens de production est donc conservée par son transfert sur le produit. Ce transfert a lieu pendant la transformation des moyens de production en produit dans le procès de travail. Il a lieu par la *médiation* du travail[1]. »

Analysant les transformations des moyens de production, Marx montre que c'est seulement la valeur d'usage des moyens de production qui est consommée, leur valeur étant, quant à elle, conservée. La matière première disparaît dans le produit fini et le travail fourni par l'ouvrier est maintenant objectivé dans la marchandise prête à être vendue sur le marché. Ainsi la valeur des moyens de production réapparaît dans la valeur du produit fini, mais elle n'est pas, à proprement parler, « reproduite ». Ce qui est produit, c'est la nouvelle valeur d'usage, dans laquelle l'ancienne valeur d'échange reparaît. Si le capitaliste a dépensé 1 000 € dans les matières premières, l'amortissement des machines et la location des bâtiments, ces 1 000 € vont se retrouver dans la valeur du produit.

Mais alors que le capitaliste a payé la valeur de la force de travail (par exemple, 500 €), ce ne sont pas ces 500 € qui se retrouveront dans la valeur du produit fini, mais l'équivalent du nombre d'heures de travail effectivement utilisées pour cette production, par exemple 1 000 €. Au total, donc, la valeur semble s'être multipliée d'elle-même au cours du procès de production. Le capitaliste engloutit 1 500 € dans la fournaise et il en ressort 2 000 €, et c'est ainsi que la valeur lui apparaît comme productive.

Cette vision globale qui mélange tous les « facteurs », moyens de production et force de travail, ne permet pas de comprendre ce qui se passe. Si la valeur des moyens de production est conservée, Marx ajoute : « Il en va tout

1. *Le Capital*, livre I, *op. cit.*, p. 224.

autrement du facteur subjectif du procès de travail[1].»
Notons qu'ici le travail vivant est qualifié de «facteur
subjectif», ce qui confirme la ligne interprétative proposée
plus haut: ce qui «ressuscite les moyens de production»,
les facteurs objectifs, d'entre les morts, c'est le «facteur
subjectif». La vie est donc bien du côté du facteur subjectif!
Et le facteur subjectif est bien la puissance humaine qui
produit le monde objectif.

Supposons que le travailleur cesse de travailler au bout
de six heures, si ces six heures correspondent au quantum
de travail abstrait équivalant à la production des moyens
de subsistance du travailleur. La nouvelle valeur ajoutée par
le travail serait une simple reproduction. Mais si le travail
dure douze heures, alors la force de travail produit aussi une
valeur excédentaire. Cette survaleur constitue l'excédent
de la valeur du produit par rapport à la valeur des constituants de produits consommés, c'est-à-dire des moyens de
production et de la force de travail. Nous pouvons ainsi
distinguer les deux parties constitutives du capital:

1. La partie qui constitue les moyens de production
et ne se convertit pas en valeur additionnelle;

2. La partie du capital convertie en force de travail
qui modifie sa valeur dans le procès de production. Voilà
pourquoi la première s'appelle donc capital constant et
la seconde capital variable.

Cette distinction pulvérise les catégories de l'économie
(par exemple, capital fixe et capital circulant). Mais il ne
s'agit pas de nouvelles catégories économiques, mais de
catégories qui explicitent le fondement réel et la condition
de possibilité de l'économie, c'est-à-dire le déploiement
de la puissance personnelle des individus vivants.

Ce rapport entre capital variable et capital constant,
que Marx nomme «composition organique du capital»,
d'une part, commande par toute une série de médiations

1. *Ibid.*, p. 233.

le taux de profit : détermination des coûts de production, formation des prix sur le marché, etc., toutes des médiations qui procèdent du mouvement d'ensemble du capital tel qu'il est décrit dans le livre III. D'autre part, il a une signification proprement philosophique. En décomposant le capital total investi en ses deux parties, Marx établit la distinction du capital constant et du capital variable qui est une autre manière de distinguer le travail mort et le travail vivant. Elle exprime la détermination de la réalité économique (capital, valeur) par le procès réel de production. Du point de vue capitaliste, toutes les distinctions à l'intérieur du capital total investi ne concernent que des fractions équivalentes du capital. Du point de vue subjectif, du point de vue de « la vie », c'est au contraire la distinction entre capital constant et capital variable qui est la clé. La distinction du capital variable et du capital constant oppose vivant et mort.

Du point de vue de la production capitaliste, c'est-à-dire du point de vue du capital, l'ensemble du processus est un processus d'autovalorisation de la valeur, d'où découle d'ailleurs l'illusion propre à l'investisseur que l'argent produit ou « travaille » (de nos jours, les banquiers parlent de leur activité comme d'une « industrie »). Évidemment, il n'y a pas de production sans machines, sans matière première, etc., mais du point de vue de l'analyse, ce n'est pas le plus important : « Pour que le capital variable fonctionne, il faut que du capital constant soit avancé dans des proportions correspondantes, selon le caractère technique déterminé du processus de travail. Mais le fait qu'on ait besoin, pour un processus chimique, de cornues et d'autres récipients n'empêche pas qu'au moment de l'analyse on fasse abstraction des cornues[1]. » Du point de vue du travailleur, le rapport aux moyens de production n'est pas un rapport au capital, mais à un simple moyen.

1. *Ibid.*, p. 240.

Comme le dit Marx, «dans une tannerie, par exemple, l'ouvrier traite les peaux simplement comme son objet de travail. Ce n'est pas au capitaliste qu'il tanne le cuir[1]». Mais si on se place du point de vue du capitaliste, c'est-à-dire du point de vue du procès de valorisation du capital, la situation est complètement renversée. «Les moyens de production se métamorphosent aussitôt en moyens d'accaparer du travail d'autrui. Ce n'est plus le travailleur qui emploie les moyens de production, ce sont les moyens de production qui emploient le travailleur[2].» Cette inversion signifie que la vie est désormais du côté du capital. Et Marx considère cette transformation comme une perversion – c'est encore ce processus de l'aliénation mis au jour dès les *Manuscrits de 1844* et qui trouve ici son explication scientifique.

Cette inversion et cette perversion du rapport entre le travail mort et le travail vivant n'interviennent pleinement que lorsque les moyens techniques lui donnent toute son extension, c'est-à-dire lorsque le machinisme et notamment les machines automatiques font leur entrée dans l'industrie. Ici, il faudrait revenir sur l'analyse précise du passage de la manufacture à la fabrique, et du même coup de la soumission formelle à la soumission réelle du travail au capital. Dans le chapitre XIII, «Machinerie et grande industrie», Marx souligne que «c'est pendant le procès même de travail que le moyen de travail, du fait de sa transformation en un automate, se pose face au travailleur comme capital, comme travail mort qui domine et aspire la force vivante du travail[3]». On voit ici clairement combien la technique est inséparable des rapports sociaux : la position du travailleur par rapport au moyen de travail qu'est la machine découle du fait que cette machine est non pas

1. *Ibid.*, p. 347.
2. *Ibid.*, p. 347.
3. *Ibid.*, p. 475.

le moyen du travailleur, mais l'instrument par lequel le capital pompe le travail vivant. Mais, inversement, sans une technique adaptée, la domination du capital sur le travail et l'inversion du rapport entre le travail mort et le travail vivant ne peuvent être achevées. Par là sont éliminées les thèses d'un certain marxisme qui distingue les « forces productives » (dont la science et la technique), neutres et finalement bonnes en elles-mêmes, des « rapports de production » capitalistes, à rejeter. Prise en elle-même, la machine est un objet technique, une chose morte, mais entre les mains du capitaliste, c'est-à-dire quand elle fonctionne comme capital, elle est le moyen de domination qui s'anime de la vie pompée au travailleur.

Le travail mort n'est pas simplement dénommé ainsi en vertu d'un usage métaphorique (la marchandise est une chose inerte par opposition au travailleur), mais parce que le capital appartient effectivement au monde des morts-vivants : il n'apparaît doué de vie (il se reproduit lui-même et produit des rejetons, comme un père est la cause de ses enfants, notait déjà Aristote en parlant de l'argent) qu'en absorbant la vie des travailleurs. De même que la valeur est du travail coagulé, solidifié (la valeur d'une marchandise est égale au temps de travail social incorporé en elle), de même le capital est d'abord l'expression du passé. Il est ce qui est maintenant sans vie. Le capital n'est rien d'autre que du travail accumulé (des moyens de travail) et c'est donc le résultat du travail productif (du travail vivant) transformé en travail objectivé qui se dresse face à l'ouvrier comme son maître.

La survaleur absolue : augmentation du temps de travail

Si toute la production capitaliste vise à l'appropriation de la survaleur, si les machines et les matières premières ne sont que des moyens pour extorquer du travail gratis, la tendance première du capital consiste à allonger autant qu'il est possible la durée de la journée de travail. Marx, dans le chapitre VIII du livre I, donne un tableau d'ensemble effrayant, mais presque entièrement tiré des rapports des inspecteurs de fabrique de Sa Majesté britannique. À l'entrée de la production capitaliste, on devrait lire comme aux portes de l'enfer de Dante, « vous qui entrez ici, abandonnez toute espérance ».

Avec cette question de la durée du travail, nous allons rencontrer, sous sa forme élémentaire, le conflit entre capital et travail – c'est-à-dire « la lutte des classes ». Mais il faut préciser ce qu'on entend par là et ne pas s'en tenir à une sociologie simpliste. Le capital aujourd'hui est loin de s'identifier à la classe bourgeoise possédant du patrimoine. Le capital semble n'être plus maintenant qu'un grand automate servi par des armées de bureaucrates, employés alternativement par les grandes firmes privées et par les États. En 2013, les fonds de gestion (exemple : Natixis lancé par le réseau de banques mutualistes BP/Caisse d'épargne) détiennent 24,6 % des sociétés du CAC 40, l'État français 6,6 %, les fonds souverains étrangers 1,9 %, les fonds de pension 1,9 %, les fonds étrangers 5,1 %… et les personnes physiques (les « grandes familles ») seulement 3,7 % (source : *Les Échos*, 11 juillet 2013). En 2011, ces 40 sociétés produisaient 73 % du PIB… Cela n'empêche pas le capital d'être plus puissant que jamais ! Quand bien même tout ce capital appartiendrait à l'État, comme ce fut le cas en URSS, cela n'empêcherait nullement l'exploitation des travailleurs… et cela n'empêche pas la lutte des classes. Et celle-ci se concentre sur une question : la durée du travail.

Si seul le travail vivant produit une survaleur, la valorisation de la valeur suppose le taux de survaleur le plus élevé possible, donc la quantité de surtravail la plus importante. Ce qui fait varier la journée de travail, ce n'est pas la partie «nécessaire», mais le surtravail. Supposons qu'en 6 heures l'ouvrier ait produit l'équivalent de la valeur de sa force de travail, des journées de 7 heures, de 9 heures ou de 12 heures correspondent à des taux de survaleur respectivement de 16,3%, 50% et 100%. Mais inversement, un taux de survaleur de 100% pourrait correspondre à une journée de 8 heures si l'augmentation de la productivité du secteur des biens primaires nécessaires à la vie de la famille avait augmenté et que le travail nécessaire se limite à 4 heures. Il y a bien deux manières d'augmenter la survaleur extorquée: augmenter absolument la durée de la journée de travail ou diminuer la part relative du travail nécessaire.

Donc: «la journée de travail est déterminable, mais elle est en soi indéterminée[1]». Pas tout à fait, évidemment parce qu'elle ne peut excéder 24 heures! Il y a sans doute des limites physiques: pendant une journée naturelle de 24 heures, un homme ne peut dépenser qu'un certain quantum de force de travail, mais on verra que le capital s'est évertué à repousser toutes les limites naturelles. Il y a, aujourd'hui, des recherches financées par l'État aux États-Unis, en vue de raccourcir le temps de sommeil nécessaire. Développées d'abord dans un but militaire (pour permettre que les soldats restent éveillés pendant de longues missions), ces recherches pourraient trouver des applications «civiles» utiles.

Il y a aussi, dit Marx, des limites morales: l'homme doit satisfaire des besoins intellectuels et sociaux. Là aussi ces limites sont très élastiques. À l'époque où la religion servait de principal moyen d'emprise sur les âmes des masses, il fallait respecter le repos dominical. Comme nous sommes maintenant dans une société où la religion ne joue qu'un rôle secondaire et de plus en plus uniquement spectaculaire, on peut autoriser le travail du dimanche

1. *Ibid.*, p. 258.

pour permettre au maximum de consommateurs de participer à ce nouveau culte de la marchandise qui se célèbre dans les centres commerciaux. Après tout, le curé, les enfants de chœur et les bigotes requises pour chanter ne pouvaient pas non plus disposer de leur dimanche matin. Les employés de commerce sont les servants de la nouvelle religion et ils doivent y sacrifier l'éventualité d'une grasse matinée.

Tout cela explique l'extrême variabilité de la journée de travail. Pour Marx, cela allait de 8 heures à 18 heures Pour nous, en Europe, les durées annuelles s'étagent entre 1 621 heures en France et 1 900 heures au Royaume-Uni, plus de 2 000 en Roumanie et en Grèce. Il s'agit là des salariés à temps plein. Les moyennes des salariés toutes catégories confondues changent le classement puisque, pour les Roumains, on atteint 2 100 heures. Si on prend des comparaisons sur une plus vaste échelle, la durée annuelle du travail aux États-Unis est supérieure à 2 100 heures pour les salariés à temps plein. En Chine, dans les grandes entreprises d'export (Foxconn, etc.), la durée hebdomadaire est entre 60 et 80 heures... bien que le maximum légal soit de 44 heures.

En fait, pour le capitaliste, tout le temps disponible que le travailleur consomme pour lui-même apparaît comme du vol! Le capitaliste cherche naturellement à tirer le maximum de profit de la marchandise dont il a acquis l'usage. D'où les complaintes et jérémiades incessantes contre la paresse des pauvres. Plaçons-nous maintenant de l'autre côté, du côté du vendeur de force de travail. Ce qui apparaît au capitaliste comme valorisation du capital est, du côté du travail, dépense excédentaire de force de travail. Au capitaliste qui prêche l'abstinence et l'économie, le travailleur répond: «Je vais, en gérant raisonnable et économe, ménager mon unique fortune, ma force de travail et m'abstenir avec elle de toute folle prodigalité. Je ne vais en dégager chaque jour, en convertir en travail, qu'autant que ce qui sera compatible avec sa durée normale et son bon déroulement[1]. »

Le travailleur est fondé à revendiquer la valeur de sa force de travail comme n'importe quel vendeur. Donc, à part des limites tout à fait élastiques, « il ne résulte de la nature de l'échange marchand proprement dit aucune limitation à la journée de travail, donc aucune limite du surtravail. Le capitaliste se réclame de son droit d'acheteur quand il cherche à rendre la journée de travail aussi longue que possible et à faire deux journées de travail en une seule. D'un autre côté, la nature spécifique de la marchandise vendue implique une limitation de sa consommation par l'acheteur, et le travailleur se réclame de son droit de vendeur quand il veut limiter la journée de travail à une grandeur déterminée. Il y a donc ici une antinomie, droit contre droit, l'un et l'autre portant le sceau de la loi de l'échange marchand. Entre deux droits égaux, c'est la violence qui tranche. Et c'est ainsi que, dans l'histoire de la production capitaliste, la réglementation de la journée de travail se présente comme une lutte pour les limites de la journée de travail. Lutte qui oppose le capitaliste global, c'est-à-dire la classe capitaliste, et le travailleur global ou la classe ouvrière[2] ». Donc, la lutte des classes découle des lois du marché ! Et dans la lutte des classes, c'est la violence qui tranche. Autrement dit, c'est le rapport capitaliste lui-même qui produit la lutte des classes. C'est la formule A-M-A' qui recèle le secret de la lutte des classes, pas les études sociologiques sur les riches et les pauvres, par exemple.

Ainsi donc, par nature, parce qu'il est du capital incarné, parce que son âme est celle du capital, le capitaliste est-il perpétuellement affamé de surtravail. Le propre du mode de production capitaliste, ce n'est pas l'extorsion

1. *Ibid.*, p. 261.
2. *Ibid.*, p. 261-262.

du surtravail (que l'on retrouve dans de nombreux autres modes de production), mais la possibilité d'accumulation de la valeur. Marx note que, tant que la valeur d'échange n'est pas la forme dominante de la richesse, il y a une limite plus ou moins élastique au surtravail. Sous la forme travestie de l'état de nature, c'est ce que disait déjà Locke : dans l'état de nature où l'on produit pour l'usage, on ne peut accumuler les valeurs d'usage. Si je récolte trop de pommes, elles vont pourrir et je pécherais ainsi contre le droit naturel en prenant pour moi des richesses inutiles. Mais, ajoute Locke, l'invention de « l'argent monnayé » et celle de l'État qui en garantit l'usage ouvrent la voie à une accumulation illimitée car l'argent ne pourrit pas !

C'est quand il s'agit d'obtenir de la valeur d'échange que l'exploitation se déchaîne – une rapide histoire de l'esclavage dont Marx donne des éléments le montre. La « fringale bestiale de surtravail » est telle que, selon Marx, les excès commis « ne le cèdent en rien aux exactions auxquelles se livrèrent les Espagnols contre les Peaux-Rouges d'Amérique[1] ». La limitation légale devient le seul moyen de limiter cette « fringale bestiale ». Pour le capitaliste, le capital constant n'est qu'un moyen de sucer du surtravail. Quand les machines ne tournent pas, le capitaliste les considère comme « en friche ». La prolongation de la journée de travail ne suffit pas. La « soif vampirique » de surtravail est inextinguible : « C'est pourquoi la pulsion immanente de la production capitaliste est de s'approprier du travail dans chacune des 24 heures de la journée[2]. » Mais c'est physiquement impossible. Pour surmonter cet obstacle, le capital instaure le travail de nuit et son complément le travail posté. Comme la valeur de la force de travail inclut ce qui est nécessaire à sa reproduction, il est vite apparu très avantageux de

1. *Ibid.*, p. 271.
2. *Ibid.*, p. 287.

mettre au travail femmes et enfants. Auparavant, toute la famille vivait avec le salaire de l'ouvrier; en faisant jouir des bienfaits du travail toute la famille, le capitaliste augmente considérablement le temps de surtravail. Le machinisme, qui diminue les besoins en force physique pure, favorise ce processus.

On a souvent reproché à Marx de ne pas analyser l'économie «objectivement» et de fait il y a bien dans *Le Capital* tout un «pathos» moral. Il s'agit, en effet, pour Marx, de se placer du côté de l'individu vivant et de sa souffrance au travail, contre la toute-puissance du capital. Si le capital est bien du travail mort, l'extorsion du surtravail est le procédé par lequel les vampires ou les morts-vivants se nourrissent du sang des vivants. Le capital est du côté de la pulsion de mort.

D'un point de vue global, cette extension illimitée de la journée de travail menace le système capitaliste lui-même. Les conditions de vie épouvantables qui accompagnent ces journées sans fin et la mise au travail des enfants dès leur plus jeune âge entraînent une véritable dégénérescence de la classe ouvrière, ce que constatent les inspecteurs de fabrique et ce à quoi cherche à répondre le gouvernement par une série de lois qui vont de la réglementation des conditions d'hygiène à l'obligation scolaire pour les enfants. Mais ce qui vaut globalement heurte violemment les intérêts et les sentiments des capitalistes individuels. La fixation d'une norme de la journée de travail ne procède pas d'une évaluation rationnelle par les capitalistes ou par l'État en tenant compte des intérêts collectifs et à long terme du «système», mais bien de la lutte séculaire des capitalistes et des ouvriers. La lutte des capitalistes pour prolonger la journée de travail, la lutte des ouvriers pour en obtenir la limitation légale: tout ce que Marx appelle «lutte des classes» est là. Et il n'est pas besoin d'être un observateur très averti des questions sociales pour constater que cette lutte, si elle a obtenu des succès importants pour les travailleurs, se poursuit dans d'autres conditions, mais souvent avec, du côté des capitalistes et de leurs porte-parole idéologiques, les mêmes arguments. Remise en cause des limitations légales de la journée et de la semaine de travail, flexibilité des horaires, délocalisations pour trouver de la main-d'œuvre corvéable à merci parce que les gouvernements de ces contrées paradisiaques ont interdit les syndicats ou parce que les syndicats y sont un rouage de l'appareil d'État… Aujourd'hui, tout se passe, sur le fond, comme il y a deux siècles.

Le cœur de la contradiction concernant le salariat réside en ceci : il a la forme d'un échange entre personnes libres et égales, mais le contenu est la soumission du travail au capital. C'est précisément cette contradiction qui assigne aux luttes ouvrières l'objectif d'imposer des lois, donc garanties par la puissance étatique, comme moyen de protection du travail contre le capital. Certes, le droit consacre la force – c'est la grève générale de juin 1936 qui a arraché la semaine de 40 heures et les congés payés –, mais il a lui-même sa propre efficacité, essentiellement protectrice, qui, du même coup, donne forme aux rapports de production. Il est donc impossible de distinguer rapports sociaux de production et forme juridique de ces rapports, ce qui met à nouveau en question la division, portée par le marxisme orthodoxe, entre l'infrastructure (économique) et la superstructure juridique qui ne serait qu'un reflet et un voile jeté sur la réalité.

Or, la loi suppose l'État, et la loi limitant la journée de travail au même titre que toutes les lois. À la différence des anarchistes, Marx considère que la lutte des classes, dans ses formes les plus élémentaires, est déjà une lutte politique, et que, en imposant une loi de limitation de la journée de travail, les ouvriers posent déjà leur candidature à la direction de toute la société. La séparation

La dynamique du mode de production capitaliste

établie par Lénine dans *Que faire?* (1905) entre la lutte revendicative (trade-unioniste, dit Lénine) et la lutte proprement politique pour le pouvoir est donc nulle et non avenue, du point de vue de la théorie de Marx. Léninistes et anarchistes commettent symétriquement la même erreur, faute de comprendre ce rapport contradictoire, à la fois juridique et non juridique, qu'est le capital.

La limitation de la journée de travail n'est pas le «partage du travail[1]» – les capitalistes, en faisant travailler femmes et enfants, ont depuis longtemps montré qu'ils étaient prêts à partager le travail moyennant la baisse des salaires. La limitation légale de la journée n'est pas non plus la mise en œuvre du «droit à la paresse», cher à Paul Lafargue. C'est la défense du droit du travailleur, c'est-à-dire de quelqu'un qui veut travailler.

Passons sur les détails de cette bataille où de grandes victoires commencèrent à être remportées par les travailleurs à partir de 1860. Ce sont les transformations du mode de production dans son aspect matériel qui ont «engendré ces débordements démesurés[2]» et ce sont encore ces transformations qui permirent d'arracher les lois de réglementation de la journée de travail. Mais ce qui reste décisif, c'est le conflit social. «L'histoire de la réglementation de la journée de travail dans certaines branches de production et la lutte menée encore aujourd'hui dans d'autres branches pour cette réglementation prouvent de façon tangible que le travailleur individuel isolé, le travailleur comme "libre" vendeur de sa force de travail, succombe sans résistance lorsque la production capitaliste a atteint un certain degré de maturité. La création d'une journée de travail normale est donc le résultat d'une

1. La revendication confuse du «partage du travail» a été portée au cours des dernières décennies par certaines fractions du mouvement syndical.
2. *Le Capital, op. cit.*, p. 332.

longue et âpre guerre civile, plus ou moins larvée entre la classe capitaliste et la classe ouvrière[1]. »

Le concept de survaleur relative

Pour augmenter le taux de profit (la seule grandeur qui intéresse réellement le capitaliste), la première méthode consiste donc à augmenter la durée de la journée de travail. Mais celle-ci n'est pas extensible à l'infini. Pour maintenir ou augmenter le taux de profit, il y a une deuxième solution : modifier la part du travail nécessaire et la part du surtravail. Si on passe de 10 heures de travail pendant lesquelles le travailleur produit l'équivalent de son salaire et 2 heures de surtravail à, respectivement, 9 heures et 3 heures, la survaleur augmente sans augmentation de la journée de travail. C'est cela la survaleur relative.

Comment obtenir ce résultat ? Il y a une première solution, faire baisser la valeur de la force de travail c'est-à-dire que « la masse de subsistance qui auparavant était produite en 10 heures, le soit dorénavant en 9. Or ceci est impossible sans une augmentation de la force productive du travail[2] ».

La diminution de la valeur de la force de travail n'est possible que si la valeur des produits nécessaires à la vie baisse – la baisse des prix des produits agricoles et des produits manufacturiers de première nécessité joue un rôle décisif. On peut essayer d'imposer la dégradation des conditions générales de vie, notamment du logement, et mettre en circulation des produits moins chers parce que frelatés. Le développement massif de la nourriture industrielle, outre qu'il offre un nouveau champ

1. *Ibid.*, p. 335.
2. *Ibid.*, p. 353.

d'investissement au capital, participe incontestablement du même mouvement – la question de la «malbouffe» est, de ce point de vue, une question bien plus fondamentale qu'on ne le pense.

Il faut donc aussi une «augmentation de la force productive du travail», c'est-à-dire une modification dans le procès de travail qui fait que le temps de travail requis socialement pour la production d'une marchandise est raccourci et donc qu'un plus petit quantum de travail acquiert la force de produire un plus grand quantum de valeur d'usage. C'est pourquoi le capital doit bouleverser les conditions techniques et sociales du procès de travail et donc le mode de production proprement dit, afin d'augmenter la force productive du travail.

Si le capitaliste qui produit des chemises en fait baisser le prix grâce à l'accroissement de la force productive, ce n'est pas parce qu'il a l'intention de faire baisser la quote-part des chemises dans la valeur de la force de travail. Il cherche surtout à prendre des parts de marché : s'il produit une chemise en trente minutes là où ses concurrents prennent quarante minutes, il pourra vendre ses chemises en dessous du prix moyen ou encore accumuler provisoirement des surprofits, jusqu'à ce que le marché ait égalisé les temps moyens de production des chemises et baissé leur valeur – et ici nous devons soigneusement distinguer prix et valeur. Cependant, notre producteur de chemises avide concourt à la réalisation des lois immanentes du mode de production capitaliste. Le développement global du mode de production capitaliste suit des lois qui ne correspondent pas aux désirs des capitalistes individuels.

En effet, il y a une tendance du capital à augmenter la productivité du travail. Or, cette tendance a un effet contradictoire. Les concurrents d'une entreprise très productive peuvent baisser les bras et abandonner la partie, mais le plus souvent ils vont chercher eux aussi à augmenter leur propre productivité. Si bien que, au bout d'un temps plus ou moins long, la valeur sociale des marchandises vendues dans ce secteur baissera et la survaleur extra fondra comme neige au soleil. C'est pourquoi la course à l'augmentation de la survaleur relative n'a pas de fin puisqu'elle produit à terme une nouvelle baisse du profit. Les vêtements ou les produits électroniques ont vu leur valeur s'effondrer. «La pulsion immanente au capital et sa tendance constante seront donc d'accroître la force productive du travail afin d'abaisser le prix de la marchandise et ce faisant d'abaisser le prix du travailleur lui-même[1].» En réalité, en effet, la valeur absolue de la marchandise est indifférente au capitaliste! Ce qui compte, c'est la masse de temps de travail gratis. Le «même mouvement rend les marchandises meilleur marché et accroît la survaleur contenue en elles[2]». Dans un mode de production différent, un mode de production non soumis à la «valorisation de la valeur», l'augmentation de la productivité du travail devrait servir à raccourcir la journée de travail, tout simplement. Mais dans le mode de production capitaliste, c'est impossible, elle sert à augmenter le profit.

La coopération et le machinisme

L'augmentation de la productivité, condition de l'extraction de la survaleur relative, est rendue possible, par toutes sortes de moyens. L'intensification du travail, l'amélioration des procédés de production, la diminution des faux frais en font partie. Mais le développement de la coopération, c'est-à-dire l'extension de la division du travail, dont Smith avait déjà vanté les pouvoirs merveilleux, joue le rôle majeur. La coopération n'est

1. *Ibid.*, p. 359.
2. *Ibid.*, p. 360.

pas spécifique au mode de production capitaliste; elle apparaît avec la société humaine en général. Mais c'est dans le mode de production capitaliste qu'elle trouve son plein développement. En concentrant des milliers d'ouvriers sous une seule direction, elle démultiplie la productivité du travail dans des proportions inconnues jusqu'alors. Elle socialise réellement tout le procès de production.

La coopération ne se contente pas d'agglomérer les forces productives individuelles. Elle crée une nouvelle force productive. Elle produit en même temps une division du travail spontanée qui raccourcit le temps de travail. La coopération permet de réaliser des masses de travail dans un laps de temps court quand les conditions matérielles l'exigent (la tonte des moutons, la moisson, etc.). La force productive de la journée de travail social naît ainsi de la coopération. La coopération, voilà « l'acquis » du capitalisme, voilà ce qui sera préservé dans une société communiste.

Après l'intensification du travail et la coopération, le troisième élément de l'augmentation de la productivité est le machinisme qui va jouer un rôle croissant, dans un mouvement qui révolutionne en permanence les bases mêmes du mode de production capitaliste. Le passage de la manufacture à la grande industrie, qui est aussi le passage de la production de la survaleur absolue (liée à l'allongement de la durée du travail) à la production de la survaleur relative (liée à l'augmentation de la productivité), est la marque de l'avènement du mode de production capitaliste lui-même. Dans la manufacture, les rapports sociaux sont capitalistes, mais au fond le mode de production ne l'est pas encore.

Déjà Aristote avait imaginé que les machines pouvaient remplacer le travail des hommes. Mais ce qui pour Aristote était rêverie pure pourrait devenir réalité avec l'avènement de la technoscience moderne. Descartes pensait que la science nouvelle qu'il appelait de ses vœux (voir 6e partie du *Discours de la méthode*) pourrait grandement contribuer à alléger la peine des hommes. Mais Marx commence par affirmer que ce n'est pas là la finalité de la machinerie utilisée de manière capitaliste. L'introduction de la machinerie est une transformation à l'intérieur du mode de production capitaliste : on passe du mode de production capitaliste tel qu'il est sorti des rapports sociaux antérieurs, tel qu'il se pose abstraitement contre les rapports passés, au mode de production capitaliste effectif.

Il y a chez Marx toute une théorie de la machine qui fait de lui un des grands penseurs de la technique. Nous renvoyons le lecteur au texte du chapitre XIII du livre I pour en venir aux effets immédiats de l'exploitation mécanisée sur l'ouvrier. La machinerie rend superflue la force musculaire. Elle permet donc d'employer des forces de travail de moindre force musculaire : c'est le travail des femmes et des enfants. À propos du travail des enfants, Marx écrit : « Non seulement le travail forcé pour le capitaliste usurpa la place des jeux d'enfants, mais il prit aussi celle du travail fait librement dans des limites morales au sein du cercle familial pour la famille elle-même[1]. » Ce n'est pas le travail des enfants en lui-même qui pose problème. Marx se prononce d'ailleurs pour une éducation polytechnique qui inclut le travail ! Mais cette intégration de toute la famille dans la grande fournaise de la production capitaliste transforme également le rapport salarial. « Autrefois, le travailleur vendait une force de travail, la sienne, dont, en tant que personne formellement libre, il disposait. Il vend maintenant femme et enfant. Il devient marchand d'esclaves[2]. »

Loin de libérer l'homme du travail pénible, le machinisme permet d'augmenter le degré d'exploitation. Il

1. *Ibid.*, p. 443.
2. *Ibid.*, p. 445.

augmente l'intensité du travail et impose le travail en continu. Cette intensification du travail est aujourd'hui assez bien documentée. Elle est singulièrement aggravée par l'informatique. Plus le capital engagé est important (et les machines demandent un capital important), plus toute minute perdue, toute minute dans laquelle la machine ne fonctionne pas apparaît comme du gaspillage de capital. Et pour cause, la machine pendant ce temps ne suce plus de travail vivant, ce qui est sa fonction même pour le capitaliste. C'est pourquoi la machinerie, paradoxalement en apparence, va avec l'augmentation de la frénésie capitaliste pour le surtravail.

On retrouve donc ici, à la racine des contradictions, non un processus « objectif », se déroulant indépendamment et même à l'insu des acteurs, mais un processus éminemment « subjectif », qu'on pourra appeler la lutte des classes, qui s'exprime dans la répartition antagonique d'une part – du côté de la consommation – et d'autre part la séparation des producteurs d'avec les moyens de production – du côté de la production.

Le salaire

Ici, il faut comprendre comment s'articulent les phénomènes qui se déroulent « à la surface de la société bourgeoise » et la réalité sous-jacente dont les catégories essentielles ont été construites dans les chapitres précédents. Bref, les rapports entre l'économie « exotérique » – qui est la matière même de la pensée économique bourgeoise – et l'économie « ésotérique », c'est-à-dire la strate de la vie productive qui forme le fondement ultime de l'économie. Le salaire apparaît comme « le prix du travail » (c'est le fameux « coût du travail » dont ses capitalistes et leurs porte-parole ne cessent de se plaindre) et c'est cette idée (idéologique) que Marx déconstruit. Si le travail est une marchandise qui se vend sur le marché du travail, on aboutit à des inepties. Pourquoi? «Pour être vendu comme marchandise sur le marché, le travail devrait de toute façon exister avant d'être vendu. Mais si l'ouvrier pouvait lui donner une existence autonome, il vendrait la marchandise et non du travail[1].»

Si, en travaillant 8 heures, l'ouvrier vendait son travail, il vendrait une marchandise contenant 8 heures de travail, il ne vendrait pas son travail! Le travailleur ne vend pas son travail, mais se vend lui-même pour une durée déterminée: tel est le contenu du contrat de travail. En vérité, le travail n'a pas de valeur, car il est la substance de la valeur. On ne peut pas vendre du travail, mais seulement le produit du travail qui coagule un nombre déterminé d'heures de travail. La confusion vient de ce que la durée ordinaire d'une journée de travail étant donnée, celui qui travaille moins longtemps gagnera moins et celui qui travaille plus longtemps gagnera éventuellement plus. Marx étudie les diverses formes du salaire, salaire au temps et salaire aux pièces, et montre que ces formes différentes se ramènent toutes à la loi générale de la valeur qui veut que la valeur de la force de travail corresponde *grosso modo* à la valeur des marchandises nécessaires à la reproduction de la force de travail. Mais l'économie politique (la «science économique») prend le mouvement apparent pour le mouvement réel. La «valeur» ou le «prix» du travail ne sont que les manifestations phénoménales de la valeur de la force de travail. En lui-même, le travail n'a pas de valeur puisqu'il est la mesure de la valeur et ce que l'on appelle la valeur ou le prix du travail n'est que la valeur de la force de travail. Mais c'est évidemment cette confusion, accomplie par l'économie bourgeoise qui rend les choses obscures.

Le «prix du travail» est obtenu par une opération qui

1. *Ibid.*, p. 600.

se passe entièrement à la surface du mode de production : on divise la valeur journalière de la force de travail par le nombre d'heures comprises dans une journée normale. En fixant un salaire à l'heure, le capitaliste peut sous-employer le travailleur sans évidemment que change le taux d'exploitation. Il peut aussi allonger démesurément la journée de travail et augmenter la masse de survaleur, bien que le salaire nominal augmente lui aussi – c'est le fameux « travailler plus pour gagner plus ». Marx montre que le salaire aux pièces n'est rien d'autre qu'une forme déguisée du salaire au temps. Apparemment, le travailleur semble vendre du travail déjà objectivé. Mais cette forme du salaire aux pièces est tout aussi irrationnelle que celle du salaire au temps. Et, comme le dit Marx, « le salaire aux pièces devient une source extrêmement abondante de prélèvements sur le salaire et d'escroqueries capitalistes[1] ». C'est un étalon de mesure de l'intensité du travail. Et c'est la forme la plus adaptée au rapport capitaliste ! Laquelle sévit toujours de manière particulièrement virulente avec toutes les formes de primes de rendement, « parts variables », etc.

L'accumulation

Si la valeur doit se valoriser, il s'ensuit que le propre du capital est de s'accumuler. Un capital qui ne peut pas s'accumuler n'est pas un capital ! Pour comprendre le cycle d'accumulation, comme de coutume, Marx part d'une formulation générale abstraite dont il va étudier ensuite les variations en modifiant un paramètre ou un autre. Il s'agit bien en partant de l'abstraction de parvenir au « concret de pensée », au concret comme synthèse de multiples déterminations.

1. *Ibid.*, p. 619.

Première formulation donc : si la composition organique moyenne (rapport entre capital variable et capital constant) est constante, l'accumulation du capital implique un besoin croissant de force de travail. Le capital additionnel (la survaleur) est converti en capital constant et capital variable dans les mêmes proportions. Cette demande croissante de force de travail finirait toujours par excéder l'offre et ferait monter non la valeur, mais le prix de la force de travail (le salaire). La « croissance », cela peut être une mauvaise affaire pour les capitalistes ! Donc l'accumulation du capital est aussi une augmentation numérique du prolétariat. Que, moyennant l'hypothèse de la composition organique constante, la situation des ouvriers s'améliore ne change rien à l'exploitation ni à la dépendance de l'ouvrier. La survaleur n'est pas faite pour être consommée, pas plus par le capitaliste que par l'ouvrier ; elle doit rentrer à son tour dans le cycle du capital et donc la reproduction doit toujours se faire sur une échelle élargie. Ce que le travailleur produit dans le mode de production capitaliste, ce ne sont pas des biens de consommation ou des moyens de production, mais du capital. L'augmentation du salaire ne peut entraîner qu'une baisse du quota de travail gratuit, mais elle ne peut jamais aller jusqu'au point où elle met en péril le système lui-même.

Après avoir considéré la loi de l'accumulation du capital en supposant constante la composition organique du capital, Marx fait varier cette grandeur. Ici le rôle central est joué par la productivité du travail. Plus un travailleur est productif, plus grande est la masse de moyens de production qu'il peut mettre en œuvre.

Cette modification de la composition technique se reflète dans la composition valeur. Disons rapidement que la composition technique exprime la part des machines relativement au travail humain, alors que la composition valeur exprime le rapport entre capital constant et capital variable. La première se reflète dans la seconde, mais assez approximativement puisque des machines nouvelles peuvent être mises en œuvre par un moins grand nombre de travailleurs (augmentation de la composition technique) sans que la composition valeur ne change (par exemple avec l'introduction massive de l'informatique et la baisse spectaculaire de la valeur des ordinateurs).

Ce processus d'accumulation entraîne la concentration des richesses. Ici, Marx introduit un point important. Il faut considérer le capital dans son ensemble comme un « capital social » dont les diverses parties sont entre les mains des capitalistes individuels. La concentration du capital est le résultat direct de l'accumulation – il y a de plus en plus de capital dans les mains du capitaliste individuel. Mais à ce processus, Marx en ajoute un autre, qui lui est opposé, celui de la centralisation – celle-ci résulte :

1. De la concurrence qui fait rage entre les capitalistes individuels ;

2. Du développement du crédit.

Ces deux processus sont absolument constants dans toute l'histoire du mode de production capitaliste. Le crédit permet des acquisitions. Les sociétés par action permettent également au mouvement de centralisation du capital de faire des bonds en avant. La propriété directe du capital prend ainsi une importance tout à fait secondaire. Les capitalistes sont des « managers » désignés par les actionnaires principaux, lesquels avec des minorités de blocage et le principe des effets levier gouvernent des masses immenses de capitaux.

Comme on l'a déjà vu, l'accumulation du capital n'est pas seulement un processus quantitatif, mais aussi une transformation qualitative : transformation de la composition organique du capital (avec le machinisme) et augmentation de la productivité du travail. Or, ces transformations vont incomparablement plus vite que le simple processus d'accumulation. Ainsi, la demande de force de travail a tendance à baisser ou, en tout cas, augmente beaucoup moins vite que l'accumulation du capital. En fait, la demande de force de travail chute relativement à la grandeur du capital total. Le processus d'accumulation produit donc un surplus de population ouvrière. Or, ce processus de formation d'une surpopulation relative va encore plus vite que celui du progrès technique. Les processus de hausse et de baisse des salaires sont corrélés aux variations de l'armée industrielle de réserve. Il faut cependant préciser ici quelque chose d'important : les capitalistes n'organisent pas le chômage en vue d'obtenir une baisse des salaires. La production de la surpopulation relative découle du mécanisme même de l'accumulation du capital et non des intentions (malveillantes) des capitalistes. Ainsi quand on dit que l'augmentation des salaires permettrait de relancer l'économie et la croissance, on «oublie» précisément le caractère systémique du mode de production capitaliste et on fait semblant de croire qu'il pourrait y avoir une gestion rationnelle et humaine de la «valorisation de la valeur», un capitalisme à visage humain, en quelque sorte.

L'étreinte mortelle

Le mouvement du capital est une contradiction en acte. L'accumulation du capital suppose une augmentation toujours croissante du capital constant relativement au capital variable. «Le mort saisit le vif» : telle est la loi fondamentale du capital. Or seul le capital variable produit de la survaleur et donc du profit. Ainsi le taux moyen de profit est condamné à baisser, tendanciellement, puisque la part de la survaleur tend à diminuer relativement au capital total investi. En effet, dans le processus de production, sur le long terme, il y a de plus en plus de «travail mort», c'est-à-dire de machines, par rapport à un travail vivant qui ne cesse de diminuer (relativement). Et ce processus est simplement l'expression de l'accumulation du capital.

Les phases de crise s'expliquent ainsi : les capitaux ne trouvent plus à être mis en valeur à un taux de profit raisonnable. Mais pour combattre cette tendance mortelle, le capital emploie de nombreux moyens qui tous ne font que repousser le moment fatal.

On a vu les limites de l'allongement du temps de travail. On peut aussi augmenter la survaleur relative, par l'augmentation de la productivité du travail, mais celle-ci accélère d'un autre côté la hausse de la part du capital constant dans le capital global. On économise du travail vivant pour le remplacer par du travail mort. À long terme, c'est une mauvaise affaire. C'est pourquoi les capitalistes sont très prudents dans le développement du machinisme et de l'automatisation. Tant que les salaires restent très bas, la main-d'œuvre est bien préférable aux machines. Par exemple, chez le principal fournisseur chinois de téléphones portables et autres tablettes, l'assemblage reste largement manuel et c'est seulement la hausse des salaires qui pousse les dirigeants de Foxconn à introduire des processus de production automatisés. Une autre solution consiste à accélérer la rotation du capital, mais il faut aussi pouvoir au final vendre plus... Or le mode de production capitaliste a toujours tendance à produire pour un marché plus étroit. Chaque capitaliste a intérêt à être « *labor saving* », c'est-à-dire à employer moins d'ouvriers pour un salaire moindre, mais chacun aimerait bien que les autres capitalistes soient un peu plus généreux de manière que le pouvoir d'achat des salariés permette d'acheter sa propre production. Mais tous tiennent le même raisonnement !

Le dernier procédé, qui aujourd'hui intoxique l'ensemble de l'économie capitaliste, consiste à empocher des profits futurs. C'est ce que Marx nomme « capital fictif ». Si j'achète une action de l'entreprise X, c'est que j'escompte que l'entreprise X distribuera des dividendes convenables à la fin de l'année, dividendes qui sont une part du profit généré par la production. Si les profits anticipés sont supérieurs au taux moyen de profit, je trouverai quelqu'un qui sera prêt à me racheter mon action au-dessus de son prix d'achat (jusqu'à un niveau qui lui permette d'anticiper le taux de profit moyen). En revendant mon action, j'aurai fait un profit qui n'est rien d'autre que l'anticipation d'un profit futur, donc d'une survaleur qui n'a pas encore été produite. Toutes les formes de crédit, mais aussi de spéculation sur les produits dérivés, sur la « titrisation » de la dette publique, fonctionnent sur le même principe dont Marx expose les mécanismes dans le livre III du *Capital*. D'où la croissance monstrueuse des dettes dont personne ne sait qui pourra les payer... En fait, tout le monde sait qu'elles ne seront jamais remboursées, mais en attendant on peut toujours faire tourner la planche à billets.

Chaque moyen employé pour contrer cette baisse tendancielle du taux de profit montre que le principal obstacle au développement du capital, c'est le capital lui-même et que toutes les méthodes employées pour surmonter cet obstacle ne font que le repousser pour qu'il se dresse à nouveau, encore plus formidable. Nous y revenons dans le dernier chapitre.

6

L'émancipation, le communisme

> *« Représentons-nous enfin, pour changer, une association d'hommes libres, travaillant avec des moyens de production collectifs et dépensant consciemment leurs nombreuses forces de travail individuelles comme une seule force de travail sociale. »*
>
> K. Marx, *Le Capital*, livre I.

Il s'agit maintenant de penser les conditions de l'émancipation humaine. Il y a chez Marx une dimension proprement humaniste évidente, y compris dans les dernières œuvres. La critique du mode de production capitaliste est conduite comme la critique d'un mode de production qui brise les potentialités inscrites dans la nature humaine. Si l'homme s'affirme homme par la production des moyens de sa vie, le mode de production capitaliste en tant qu'aliénation du travail arrache l'homme à sa propre essence. Tel est le point de départ dont nous allons maintenant développer les différents moments.

De la possibilité abstraite à la possibilité réelle

Cette émancipation est d'abord une possibilité abstraite. C'est le besoin qui a réveillé toutes les potentialités qui sommeillent en l'homme, mais ces possibilités sont dans la constitution physiologique des humains, leur station verticale et le rapport à la nature qui n'est que l'autre face de leur sociabilité naturelle – sur ce dernier point, Marx reprend explicitement le thème aristotélicien de l'homme comme animal « politique ».

Mais imaginer un homme libéré, non soumis à la puissance aveugle de ses relations sociales, capable de maîtriser son activité productrice de la manière la plus économique, ce n'est pas du tout une absurdité. Il n'y a rien de naturel ni d'éternel dans la condition des hommes des sociétés divisées en classes et soumises à l'exploitation et à la domination. De ce point de vue, Marx rend grâce aux socialistes utopiques de la première moitié du xixᵉ siècle d'avoir mis en scène cette émancipation possible. Mais à ce stade, ce n'est qu'une possibilité abstraite, théoriquement non contradictoire. Comment passer de cette possibilité abstraite à la possibilité réelle, d'un humanisme théorique à un humanisme pratique, c'est précisément cela que permet de penser l'analyse théorique de la société bourgeoise telle que nous avons essayé de la résumer dans les trois chapitres précédents.

Pour Marx, cette simple possibilité abstraite est devenue une possibilité réelle avec le développement du mode de production capitaliste. C'est ce mode de production qui a développé les bases matérielles de cette véritable émancipation humaine. Comme de nombreux auteurs et comme le donnaient à penser les anthropologues de son époque, Marx admettait que l'humanité avait commencé par une phase de « communisme primitif ». Quand la vie matérielle est réduite au strict minimum vital, il n'y a pas de place pour l'apparition de classes sociales réellement distinctes. Si la productivité du travail est très faible, chaque individu se suffit tout juste pour se nourrir lui-même et ses enfants, donc il n'a pas la possibilité de travailler pour nourrir une caste dirigeante. Nous savons aujourd'hui que ces sociétés primitives étaient loin des bergers d'Arcadie et qu'elles étaient souvent en guerre les unes contre les autres, mais ces guerres faisaient beaucoup de morts et pas de prisonniers : à quoi sert un prisonnier, s'il peut tout juste pourvoir à ses besoins ? Donc pour Marx, ce « communisme primitif » n'est pas du tout un état enviable, un état de l'histoire humaine dont nous pourrions être nostalgiques. Les hommes vivent alors écrasés par une nature hostile. Plusieurs anthropologues contemporains – comme Marshall Sahlins[1] – ont modifié notre perception de ces sociétés de l'âge de pierre. Mais pour Marx, l'humanité n'y était encore qu'en puissance.

Si l'esclavage a pu apparaître, sous des formes très complexes d'ailleurs, c'est seulement quand les progrès de la productivité du travail ont permis d'utiliser le travail servile au profit d'une première caste dominante – sans doute d'abord celle que forment les vainqueurs dans une guerre tribale. D'un certain point de vue donc, l'esclavage apparaît comme le produit d'un « progrès historique ». C'est pourquoi Engels peut y voir la manifestation d'une nécessité historique : « Sans esclavage antique, pas de socialisme moderne[2] ! » Quoi qu'il en soit, seule la croissance de la productivité du travail peut libérer partiellement l'homme de la contrainte que la pénurie fait peser sur lui, et le développement du caractère social du travail rend possible pour les hommes le contrôle commun de leur propre activité. Tant qu'un certain niveau de

1. Voir M. Sahlins, *Âge de pierre, âge d'abondance. L'économie de sociétés primitives*, Gallimard, 1976.
2. F. Engels, *Anti-Dühring*, Éditions sociales, 1977, p. 209.

développement à la fois social et technique n'a pas été atteint, il est illusoire de penser que les hommes puissent être réellement libres. Socialiser l'indigence ne ferait que faire ressurgir tout le «vieux fatras», c'est-à-dire l'exploitation et la domination – Marx n'avait jamais envisagé que le communisme puisse se développer dans un pays arriéré comme la Russie. C'est pourquoi la véritable liberté humaine ne peut commencer que sur la base d'un haut degré de développement des forces productives. C'est ainsi que la possibilité abstraite peut devenir une possibilité matérielle.

Mais la possibilité matérielle ne suffit pas. Pour qu'elle devienne réelle, il est nécessaire qu'un certain nombre de forces soient à l'œuvre. Marx écrit que le communisme est «le mouvement réel» et non la réalisation d'un plan conçu par des fabricants d'utopies et c'est cela le sens profond des analyses du *Capital*: la dynamique propre du mode de production capitaliste rend réellement possible son dépassement et en premier lieu parce que le mode de production capitaliste dans son développement a impitoyablement brisé toutes les anciennes formes de domination sociale.

Le capitalisme ou la révolution permanente

Dans le *Manifeste du parti communiste* (1848), on peut lire: «La bourgeoisie a joué dans l'histoire un rôle éminemment révolutionnaire[1].» Il ne s'agit donc pas de «faire la révolution». Celle-ci est un processus historique en cours dont l'issue est nécessaire. Tout ce qui enrobait la domination dans les sociétés traditionnelles a été impitoyablement détruit. Il n'est qu'à considérer l'évolution des sociétés modernes pour voir à quel point

1. in *Œuvres* I, *op. cit.*, p. 163.

Marx anticipe des développements qui ne deviendront manifestes que bien plus tard. La décomposition de la famille, la fin de toutes les règles morales qu'on appelait à tort «bourgeoises» est le fait même du développement capitaliste dans la seconde moitié du XXe siècle. Mais le rôle révolutionnaire de la bourgeoisie ne s'arrête pas à cela : le capital, en développant l'industrie, la science et la maîtrise de la nature, civilise! Il est vrai que Marx sera, dans *Le Capital*, bien plus nuancé sur les vertus civilisatrices de l'industrie que dans le *Manifeste*. Mais il en restera quelque chose, certes moins triomphal et moins proclamatoire, mais plus étayé. Le capital est bien la révolution permanente et c'est ce que montre en détail *Le Capital*.

Ce caractère révolutionnaire du mode de production capitaliste s'inscrit dans une conception générale des bouleversements socio-historiques, conçus comme le résultat de la contradiction grandissante entre le développement des forces productives et les rapports sociaux de production. Dans un texte très connu, Marx écrit : «À un certain stade de leur développement, les forces productives matérielles de la société entrent en contradiction avec les rapports de production existants, ou, ce qui n'en est que l'expression juridique, avec les rapports de propriété au sein desquels elles s'étaient mues jusqu'alors. De formes de développement des forces productives qu'ils étaient ces rapports en deviennent des entraves. Alors s'ouvre une époque de révolution sociale[1].» Texte très connu et même trop connu qui a contribué à forger un marxisme dogmatique, mais dont on n'est pas certain qu'il soit la position de Marx à cette époque, puisque tout cet Avant-propos est censé faire le point sur les positions auxquelles Marx était parvenu entre 1845 et 1850. Mais le livre I du *Capital*, publié vingt ans après, n'en est pas très éloigné.

---

1. *Ibid.*, Avant-propos de la *Contribution à la critique de l'économie politique*, 1859, in *Œuvres* I, *op. cit.*, p. 273.

Parmi les principaux facteurs, corrélatifs à la centralisation et à la concentration du capital et qui préparent « l'expropriation des expropriateurs », figurent l'application de la science à la technique, l'exploitation de la terre avec méthode et la transformation de l'outil en instruments puissants seulement par l'usage commun, partant l'économie des moyens de production. Il y a bien chez Marx un véritable enthousiasme pour le progrès technique, pour l'application de la science à la technique, pour le développement de la productivité technique du travail et de la terre. On peut même y voir une dimension utopique. Libérée des entraves des rapports capitalistes, la production pourra être développée de manière illimitée : le communisme, tel que Marx le définit, n'est finalement pas autre chose que cette croissance illimitée des forces productives, croissance qui assurera aux hommes l'abondance et, ce faisant, permettra de se passer de l'État et du droit et d'instaurer entre les individus des relations transparentes. Tout cela n'est pas une conséquence logique nécessaire des concepts et des analyses du *Capital*, mais c'est incontestablement tout un pan de la pensée de Marx.

L'expropriation des expropriateurs

Sur quoi doit déboucher le développement dialectique du mode de production capitaliste ? Selon une formule qui clôt le livre I du *Capital*, il s'agit de « l'expropriation des expropriateurs ». De même que le système capitaliste avait progressivement supplanté puis détruit les modes de production anciens, de même il doit céder la place à de nouveaux rapports sociaux de production dont les prémices sont déjà développées à l'intérieur même des rapports capitalistes.

Marx n'expose pas le processus qui conduit à l'organisation de la société par les « producteurs associés » à partir d'un récit historique. De la même manière que l'analyse du capital part de la circulation simple des marchandises, sa dynamique historique est exposée à partir d'un schéma théorique : l'accumulation du capital, c'est l'expropriation du producteur immédiat, c'est la dissolution de la propriété fondée sur le travail personnel de son possesseur. À son tour, le développement même du capital prépare l'expropriation des expropriateurs selon un schéma qui flirte ouvertement avec la dialectique hégélienne (négation et négation de la négation).

Première phase : la petite production marchande. Marx reprend l'idée classique selon laquelle c'est d'abord le travail qui légitime la propriété. La propriété privée du producteur immédiat existe, certes, au milieu de toutes sortes de modes de production différents, mais c'est elle seulement qui entre en jeu dans la compréhension de la genèse du mode de production capitaliste. Cela suffit pour invalider le schéma du «matérialisme historique» standard, enseigné par les partis se réclamant du marxisme, avec ses cinq stades (communisme primitif, esclavagisme, féodalisme, capitalisme et finalement communisme moderne). En tout cas, le mode de production capitaliste ne sort pas du féodalisme, mais bien de la petite production marchande, qui en constitue la «pépinière». Il y a dans ces affirmations quelque chose qui peut sembler contradictoire avec ce que dit Marx concernant l'accumulation primitive du capital : cette dernière n'est pas du tout le résultat d'un développement endogène de la petite production marchande, mais de l'action de certaines fractions des classes dirigeantes de l'ancienne société, entraînant derrière elles toutes sortes d'aventuriers (parfois involontaires) dans les expéditions coloniales ou l'expropriation violente des paysans. Il reste que c'est bien le développement de la petite production marchande qui a été la pépinière de la production sociale, car elle est l'école où s'élaborent l'habileté manuelle, l'adresse ingénieuse et la libre individualité du travailleur. Certes, ce mode de production se rencontre au milieu de l'esclavage, du servage et d'autres états de dépendance. Mais il ne prospère, il ne déploie toute son énergie, il ne revêt sa forme intégrale et classique que là où le travailleur est le propriétaire libre des conditions de travail qu'il met lui-même en œuvre, le paysan, du sol qu'il cultive, l'artisan, de l'outillage qu'il manie, comme le virtuose, de son instrument.

Mais ce mode de production ne pouvait durer car le morcellement des producteurs indépendants exclut la coopération à grande échelle et elle est donc condamnée à rester dans certaines bornes étroites. Arrivé à un certain degré – sur lequel Marx ne s'étend pas –, ce mode de production sécrète les ferments de sa propre dissolution.

Deuxième phase : l'expropriation des producteurs indépendants. L'accumulation du capital transforme « la propriété minuscule d'un grand nombre en propriété massive de quelques-uns[1] », par une « expropriation de la grande masse du peuple », « cette terrible et difficile expropriation de la masse du peuple », par des méthodes « violentes », d'un « vandalisme impitoyable[2] ». C'est ainsi que « les producteurs sont changés en prolétaires et leurs conditions de travail en capital ». C'est seulement quand la vieille société a été décomposée que le régime capitaliste se soutient par la seule force économique des choses. La concentration et la centralisation croissantes du capital poursuivent l'élimination de la production indépendante. Cette concentration permet l'application de la science et de la technique à la production à grande échelle et favorise « l'intrication de tous les peuples dans le réseau du marché mondial[3] ».

1. *Le Capital*, livre I, *op. cit.*, p. 855.
2. *Ibid.*
3. *Ibid.*, p. 856.

Troisième phase : l'expropriation des expropriateurs. Ce processus est contradictoire. Le monopole du capital devient une entrave pour le mode de production qui a grandi et prospéré avec lui et sous ses auspices. La socialisation du travail et la centralisation de ses ressorts matériels arrivent à un point où elles ne peuvent plus tenir dans leur enveloppe capitaliste. Cette enveloppe se brise en éclats. L'heure de la propriété capitaliste a sonné. Les expropriateurs sont à leur tour expropriés.

Marx termine en définissant de manière finalement très elliptique les grandes lignes de force d'un avenir qui avait déjà été annoncé dans le *Manifeste du parti communiste*. « Le mode d'appropriation capitaliste, issu du mode de production capitaliste, est donc la négation première de la propriété privée individuelle, fondée sur le travail fait par l'individu. Mais la production capitaliste engendre à son tour, avec l'inéluctabilité d'un processus naturel, sa propre négation. C'est la négation de la négation. Celle-ci ne rétablit pas la propriété privée, mais en tout état de cause la propriété individuelle, fondée sur les conquêtes mêmes de l'ère capitaliste : sur la coopération et la propriété commune de la terre et des moyens de production, produits par le travail proprement dit[1]. » Et Marx ajoute : « La transformation de la propriété privée morcelée, fondée sur le travail propre des individus en propriété privée capitaliste, est naturellement un processus incomparablement plus long, plus rude, plus difficile que la transformation de la propriété capitaliste, qui de fait repose déjà sur un système de production social. Dans le premier cas, il s'agissait de l'expropriation de la masse du peuple par un petit nombre d'usurpateurs ; ici, il s'agit de l'expropriation d'un petit nombre d'usurpateurs par la masse du peuple[2]. »

1. *Ibid.*, p. 856-857.
2. *Ibid.*, p. 857.

Ce processus doit, selon Marx, se dérouler avec la même nécessité que celle qui préside aux métamorphoses de la nature. Nous verrons au dernier chapitre pourquoi cette affirmation est loin d'être aussi fausse que l'on pourrait le penser à la lumière de l'expérience historique du siècle passé. Remarquons également que cette expropriation des expropriateurs n'a absolument rien à voir avec la « nationalisation des grands moyens de production et d'échange » qui figurait au programme des partis marxistes ou se disant tels. Le transfert de la propriété capitaliste aux mains de l'État ne change rien à la nature du rapport de soumission qu'est le salariat. Or, ce que propose Marx, c'est « la négation de la négation », c'est-à-dire la négation de l'expropriation du travailleur qui est la condition essentielle de l'existence même du mode de production capitaliste. Pour que le mode de production capitaliste puisse exister, il faut qu'existe une classe d'individus « libres » de tout moyen de production et donc contraints de vendre leur force de travail pour vivre. La séparation du travailleur d'avec ses moyens de production est la première forme d'aliénation que Marx pointe dès les *Manuscrits de 1844*. Le renversement du mode de production capitaliste, c'est donc bien le rétablissement de la propriété individuelle du travailleur, mais cette propriété individuelle n'est plus une propriété privée puisqu'elle s'établit sur la base des acquêts de la socialisation du procès de production effectuée par le mode de production capitaliste. Comment la propriété individuelle peut-elle être sociale ? Tout simplement par la formule de l'association, dont les embryons, à l'intérieur même de la société capitaliste, sont les coopératives ouvrières.

Marx a accordé le plus grand intérêt aux tentatives de l'entrepreneur communiste anglais Owen qui avait essayé de construire des entreprises communistes aux États-Unis. Mais l'échec de ces entreprises conforte Marx : il est impossible de créer des îlots de communisme à l'intérieur de la société capitaliste en faisant l'économie d'une transformation politique. D'où la nécessité pour le prolétariat de s'organiser en parti œuvrant pour ses propres objectifs afin de s'emparer de la machine d'État. Sur ce point, le désaccord avec les partisans de Proudhon et toutes les variétés de socialistes utopiques est irréductible. Mais la vieille machine politique d'oppression étant brisée, un nouveau cadre politique étant établi, il est possible de réorganiser de fond en comble la production sociale sur la base de l'association des producteurs à tous les niveaux. La manière dont pourraient s'articuler ce mouvement coopératif et l'organisation d'ensemble a fait l'objet d'un certain nombre de travaux chez ceux qui se sont mis à l'école de Marx[1].

Quoi qu'il en soit, l'association des producteurs résume la formule du renversement du mode de production capitaliste, la réconciliation du travailleur avec les moyens de travail. Ce communisme, au sens propre du terme, fondé sur la possession commune et la recherche du bien commun, devrait ouvrir une nouvelle phase de l'histoire de l'humanité.

La planification

Si la force de travail n'est plus une marchandise que le prolétaire vend au détenteur de capital, cela signifie que l'on est déjà sorti d'une société dominée par les relations marchandes. Pour comprendre comment cela est possible, il faut d'abord comprendre quelle fonction remplit le marché. Marx le fait dans le passage consacré

1. Voir notamment sur ces questions les travaux de Tony Andréani, en particulier son ouvrage en deux volumes, *Le Socialisme est (a)venir*, Syllepse, 2004, et ses *Dix essais sur le socialisme au XXIe siècle*, Le Temps des cerises, 2011.

au caractère fétiche de la marchandise (livre I, 1re section du *Capital*). Si on examine les sociétés primitives (telles que nous pouvons les reconstruire) ou encore les sociétés agraires patriarcales, dans ces sociétés, à la différence des sociétés dominées par l'échange marchand, le caractère social des travaux individuels est immédiatement présent de manière transparente dans le produit du travail. Si, par exemple, dans un groupe, on répartit les tâches par un commandement central, il n'y a nul mystère, comme dans une famille quand on décide qui doit descendre les poubelles et sortir le chien, qui doit préparer le repas, etc. Dans la société marchande au contraire, il n'y a pas de répartition consciente ; chacun agit pour lui sans se préoccuper des autres et en prenant en compte ses seuls intérêts. Ce système est censé aboutir à une allocation optimale des ressources. C'est la thèse bien connue d'Adam Smith sur la « main invisible du marché ». Mais cette harmonie préétablie organisée par le marché, qui apparaît de fait comme une nouvelle figure de Dieu, n'existe que dans l'esprit des tenants du libéralisme économique. En réalité, le marché est myope et chaque phase du développement capitaliste se termine par une crise qui détruit massivement le capital accumulé et met en jachère la force de travail par le chômage de masse. Le marché n'est qu'une manière propre à une époque historique d'organiser la coopération. S'il a eu sa nécessité historique, il doit aussi, de par ses propres contradictions, être dépassé. Marx expose ainsi la nécessité de la société communiste, définie comme « association d'hommes libres » : « Représentons-nous enfin, pour changer, une association d'hommes libres, travaillant avec des moyens de production collectifs et dépensant consciemment leurs nombreuses forces de travail individuelles comme une seule force de travail sociale. Toutes les déterminations du travail de Robinson se répètent ici, mais de manière sociale et non plus individuelle. Tous les produits de Robinson étaient son produit personnel exclusif, et donc immédiatement pour lui des objets d'usage. Le produit global de l'association est un produit social. Une partie de ce produit ressert comme moyen de production. Elle demeure sociale. Mais une autre partie est consommée comme moyen de subsistance par les membres de l'association. Elle doit être partagée entre eux. Ce partage se fera selon une modalité qui change avec chaque modalité particulière de l'organisme de production sociale lui-même, et avec le niveau de développement historique correspondant atteint par les producteurs. Supposons, simplement pour établir le parallèle avec la production marchande, que la part de moyens de subsistance qui revient à chaque producteur soit déterminée par son temps de travail. Le temps de travail jouerait alors un rôle double. D'un côté, sa répartition socialement planifiée règle la juste proportion des diverses fonctions de travail sur les différents besoins. D'un autre côté, le temps de travail sert en même temps à mesurer la participation individuelle du producteur au travail commun, et aussi, par voie de conséquence, à la part individuellement consommable du produit commun. Les relations sociales existant entre les hommes et leurs travaux, entre les hommes et les produits de leurs travaux, demeurent ici d'une simplicité transparente tant dans la production que dans la distribution[1]. »

Il y a bien toujours une comptabilité du temps de travail et, si les modalités peuvent varier, le temps de travail continue de jouer un rôle comme clé de la répartition des richesses. Mais, au lieu d'être soumis à la puissance aveugle de leurs échanges, les hommes peuvent rationnellement maîtriser leur production, leurs rapports entre eux et leurs rapports avec la nature. On pourrait appeler cela une planification démocratique.

---

1. *Le Capital*, livre I, *op. cit.*, p. 90.

Le mouvement réel qui se déroule sous nos yeux

Les adversaires de Marx ont fait valoir que le projet de la planification de la production est une dangereuse utopie. Friedrich Hayek soutient, en s'appuyant sur une théorie de la connaissance originale, que le marché est le meilleur organe d'information pour les acteurs. Ses arguments méritent sans aucun doute d'être entendus et débattus. Mais pour Marx, le problème est ailleurs, puisque cette transformation qui conduit à une « association d'hommes libres » est déjà en cours dans la société dominée par le mode de production capitaliste.

Tout d'abord, les lois sociales, comme la limitation légale de la journée de travail ou l'interdiction du travail des enfants, sont déjà en elles-mêmes une abolition pratique du mode de production capitaliste. Abandonné à sa propre dynamique, le capital détruit irrémédiablement les deux sources de la richesse que sont la terre et le travail. Et donc la « régulation » du capitalisme s'impose comme l'a montré l'expérience historique de ce paradis de la liberté d'entreprendre et de commerce qu'est le Royaume-Uni, ce qui implique que le « marché du travail » soit sévèrement encadré et qui introduit un élément de « planification » quasi socialiste dans les sociétés capitalistes elles-mêmes. Ce que Hayek avait d'ailleurs bien vu à sa façon puisqu'il estimait que le programme du Parti travailliste britannique conduit tout simplement à l'instauration d'un régime communiste...

En second lieu, le développement du capital a produit le développement d'une classe ouvrière nombreuse, concentrée et prenant progressivement conscience de ses intérêts propres. Ce double mouvement produit des lois qui apparaissent aux capitalistes individuels comme autant de contraintes antinomiques avec la liberté de développement du capital. Si nous reprenons la définition marxienne du salariat comme la concurrence que les travailleurs se font entre eux pour vendre leur force de travail, toutes les lois sociales sont contraires au salariat puisqu'elles limitent la concurrence que les ouvriers peuvent se faire entre eux pour vendre la force de travail, au plus bas prix, évidemment. Si la journée légale de travail est de 8 heures et si les heures au-delà de cette limite sont considérées comme des heures supplémentaires, pas un ouvrier ne peut sous peine de sanction proposer de travailler 12 heures pour le prix de 8! De belles âmes s'offusquent contre cette «atteinte à la liberté du travail». En fait il ne s'agit pas de la liberté du travail, mais de la protection des travailleurs contre la domination absolue du capital, et par la même occasion d'une limitation du salariat qui n'est certes pas aboli mais sérieusement limité. C'est ce mouvement-là que Marx nomme «mouvement réel». Aucune société n'a jamais entièrement fonctionné suivant les lois de la pure concurrence, «libre et non faussée», et encore moins les sociétés capitalistes avancées depuis le XXe siècle qui ont vu se superposer toutes les lois limitant cette concurrence. Rappelons que, selon la loi Le Chapelier de 1791, toutes les coalitions ouvrières de quelque nature qu'elles soient étaient interdites et cela valait aussi pour les sociétés de secours mutuelles qui, en France, sont nées dans la clandestinité au début du XIXe siècle... Ce n'est pas tout à fait à tort que certains propagandistes d'outre-Atlantique voient dans la France un «pays communiste», car, de fait, de nombreux éléments du programme du *Manifeste* de 1848 y sont réalisés (de l'instruction publique gratuite et obligatoire jusqu'à l'existence de grands moyens de production et d'échange sous le contrôle de l'État). Mais le thuriféraire de la libre concurrence ne saurait ignorer que fort nombreux sont les citoyens des États-Unis qui rêvent d'une sécurité sociale «à la française», et que les États-Unis eux-mêmes disposent de services publics et d'un large champ d'intervention de la puissance publique, au moins depuis le New Deal de Roosevelt.

Un dernier mot sur ce point. Dans la *Critique du programme de Gotha* (1875), Marx s'en prend sévèrement aux socialistes étatistes partisans de Ferdinand Lassalle. Refusant l'égalitarisme comme dernier mot du communisme («le droit égal est encore le droit bourgeois» dit-il), il affirme que le communisme n'est pas «à chacun selon son travail», mais «de chacun selon ses capacités, à chacun selon ses besoins». Mesurées à ce critère, la sécurité sociale, mais aussi de nombreuses institutions publiques sont véritablement «communistes». Pour la sécurité sociale, chacun cotise selon ses capacités, mais face à la maladie, le principe est «à chacun selon ses besoins». Dans la société communiste imaginée par Marx, il n'y a rien d'extravagant ni d'utopique, mais simplement le développement de mouvements sociaux déjà anciens et qui permettent aux individus de ne pas être totalement sous l'étreinte de la nécessité.

En second lieu, l'entreprise capitaliste a fait émerger la figure d'un intellect collectif unissant tous les producteurs – du plus simple ouvrier au directeur d'usine – qui peut prendre en charge l'organisation de la production en se passant du capitaliste. Le capitaliste en tant que possesseur du capital ne joue pratiquement plus aucun rôle dans les grandes entreprises. Si quelques grandes familles jouent encore ici et là un rôle actif, ce qui compte réellement c'est l'énorme centralisation de capitaux organisée par les institutions financières et toutes les formes les plus sophistiquées de crédit. De fait dans son mouvement, le capital exproprie une masse toujours croissante de capitalistes. Le rôle de direction et d'organisation du processus de production est transféré à des «managers» qui sont embauchés un jour par tel groupe, un autre jour par un autre. Du même coup, le propriétaire capitaliste en tant que tel devient purement parasitaire, il est rejeté à la périphérie du système. En même temps, les entreprises devenues mondiales sont parfaitement entraînées à la planification. Défenseurs de la liberté économique à l'extérieur, les managers capitalistes organisent dans leurs entreprises un système de planification et de commandement centralisé qui n'a rien à envier à feu le Gosplan soviétique. Cela montre que le principe de la planification s'impose, même si c'est sous des formes autoritaires, quand il s'agit de garantir les intérêts de la caste dirigeante.

Enfin, les crises récurrentes du mode de production capitaliste posent la question de son renversement. Si, comme nous l'avons vu précédemment, le principe même du capital est l'accumulation illimitée de capital – la «valorisation de la valeur», il est évident que l'accumulation illimitée du capital est une impossibilité non seulement théorique mais surtout pratique. Pour qu'elle soit rendue possible, il faudrait continuellement de nouveaux champs d'investissements. Mais quand le monde entier a été soumis au règne du capital et quand la marchandise pénètre y compris ce qu'il y a de plus intime dans la vie humaine, on atteint une limite. Et alors s'ouvre une crise. Marx s'est surtout intéressé aux crises cycliques de surproduction et pour lui elles sont le *memento mori* du capital – souviens-toi que tu dois mourir. Chaque crise se solde par une destruction massive de capital – car fondamentalement une crise est toujours une crise de surproduction de capital. Dans les courants marxistes, on s'est longuement interrogé sur la question de savoir si, de crise en crise, le mode de production capitaliste allait vers une crise finale qui produirait l'effondrement du système capitaliste. La crise de 1929 est apparue à l'époque comme une forme de cette crise finale. Si le capitalisme s'en est sorti, c'est, rappelons-le, au prix d'une guerre mondiale qui s'achève avec les bombes atomiques sur Hiroshima et Nagasaki. La crise des *subprimes* de 2008 a pu apparaître comme une répétition de la crise de 1929. D'autres crises majeures sont annoncées par tous les économistes, quelle que soit leur école de pensée. La question de la fin du capitalisme est toujours posée sans que cette fin débouche nécessairement sur un avenir plus radieux...

La liberté comme réalisation de soi

On ne peut terminer sur ce sujet sans mettre au centre des préoccupations de Marx la question de la liberté, dont nous avons vu au chapitre 2 en quoi elle sous-tend le rapport conflictuel de Marx au matérialisme. Allons un peu plus loin. La question centrale pour Marx est celle de la liberté des individus. Il y a dans toute son œuvre une dimension très individualiste[1] méconnue, parce que la pensée de Marx a été travestie par le marxisme (voir chapitre 9). Un bon exemple de ce travestissement est rappelé par Lucien Sève, philosophe longtemps membre du Parti communiste. Sève rappelle cette chose étrange : dans le *Manifeste du parti communiste*, il est écrit qu'avec le renversement du capitalisme surgit «une association où le libre développement de chacun est la condition du libre développement de tous». Or, dit Sève, les communistes ont systématiquement lu «le libre développement de tous est la condition du libre développement de chacun». Ce n'est évidemment pas la même chose! C'est même le contraire : selon Marx, c'est «le libre développement de l'individu» qui permet de parler de communisme, alors que la lecture courante, celle du marxisme, place au premier plan «tous», c'est-à-dire la collectivité. Le

1. Ce point a été longuement développé dans mon ouvrage *La Théorie de la connaissance chez Marx* (L'Harmattan, 1996), issu d'une thèse de doctorat. Le philosophe italien Costanzo Preve remarquait, quant à lui, que l'on ne devait pas reprocher à Marx d'avoir méprisé l'individu, mais au contraire d'avoir été sans doute trop individualiste...

« collectivisme marxiste » est donc à l'opposé de la pensée de Marx, pensée non pas cachée dans quelque lettre manuscrite envoyée à un correspondant inconnu, mais au contraire exprimée en toutes lettres dans le texte le plus célèbre.

Peut-être faut-il aussi s'arrêter plus longuement sur un texte qu'Engels a placé en conclusion du livre III du *Capital* et qui donne le sens profond de tout ce travail[1] : « À la vérité, le règne de la liberté commence seulement à partir du moment où cesse le travail dicté par la nécessité et les fins extérieures ; il se situe donc, par sa nature même, au-delà de la sphère de la production matérielle proprement dite. » L'homme ne peut donc ni se libérer par le travail ni se libérer du travail. Car le travail apparaît comme une nécessité et une contrainte éternelle. « Tout comme l'homme primitif, l'homme civilisé est forcé de se mesurer avec la nature pour satisfaire ses besoins, conserver et reproduire sa vie ; cette contrainte existe pour l'homme dans toutes les formes de société et sous tous les types de production. Avec son développement, cet empire de la nécessité naturelle s'élargit parce que les besoins se multiplient ; mais en même temps se développe le processus productif pour les satisfaire[2]. » C'est même une contrainte qui, sous un certain angle, ne peut aller qu'en s'élargissant. En réalité, le travail est bien quelque chose qui caractérise la nature humaine. Cela ne veut pas dire pour autant que c'est agréable parce que c'est naturel ! Marx ne fait pas la promotion du travail qui est du domaine de la nécessité ; il cherche, au contraire, à clarifier les questions au regard d'un critère, celui de la liberté. Pour Marx, on ne peut pas rêver ou cauchemarder une époque où il y aura surabondance de force de travail et où le seul problème sera de savoir comment ne rien

1. *Le Capital*, livre III, in *Œuvres* II, *op. cit.*, p. 1487 *sq.*
2. *Ibid.*

faire. La surabondance de la force de travail n'existe que dans le mode de production capitaliste qui est l'organisation de l'extorsion du travail gratis.

Cependant, on ne doit pas considérer le travail comme une malédiction. D'une part, il est ce qui permet de répondre aux besoins humains, des besoins qui ne peuvent aller qu'en s'élargissant et en se complexifiant, tant est-il que l'homme civilisé est un homme «riche en besoins». D'autre part, une certaine forme de liberté peut exister dans le cadre même du travail. «Dans ce domaine, la liberté ne peut consister qu'en ceci : les producteurs associés – l'homme socialisé – règlent de manière rationnelle leurs échanges organiques avec la nature et les soumettent à leur contrôle commun au lieu d'être dominés par la puissance aveugle de ces échanges ; et ils les accomplissent en dépensant le moins d'énergie possible, dans les conditions les plus dignes, les plus conformes à leur nature humaine. Mais l'empire de la nécessité n'en subsiste pas moins[1].» La liberté dont il s'agit est une liberté limitée, elle n'est pas le libre développement des potentialités qui sont en l'homme, qui ne peut s'accomplir qu'au-delà de la sphère de la production matérielle. C'est une liberté qui présente deux aspects.

Une compréhension de la nécessité suffisante pour éviter le gaspillage, rationaliser les rapports entre l'homme et la nature, préserver les deux sources de la richesse sociale que sont le travail et la terre.

Si la nécessité du travail doit s'imposer éternellement, parce que l'homme reste un être naturel, il reste que l'homme peut espérer abolir la domination que ses propres échanges exercent sur lui et donc agir en tant qu'homme socialisé.

C'est donc du côté de la communication, c'est-à-dire des relations directes entre les hommes, et non du côté

1. *Ibid.*

du travail, c'est-à-dire des relations des hommes aux choses, que la liberté humaine peut s'inscrire au cœur même de la nécessité. L'homme ne peut se débarrasser de la nécessité – dont la forme théologique est la malédiction qui s'abat sur l'homme chassé du paradis, privé à jamais de l'équilibre spontané dans son milieu naturel –, il peut seulement en organiser les formes autrement, dans des conditions conformes à sa nature, et donc il peut devenir son propre maître, collectivement, dans l'association.

Il reste que cette liberté, acquise sur le terrain de la production matérielle, n'est, comme nous l'avons dit, qu'une liberté limitée ; car : « C'est au-delà que commence l'épanouissement de la puissance humaine qui est sa propre fin, le véritable règne de la liberté, qui cependant ne peut fleurir qu'en se fondant sur ce règne de la nécessité[1]. » Il y a donc un véritable règne de la liberté qui est celui de l'épanouissement personnel, lequel exige qu'on minimise la soumission au travail. « La réduction de la journée de travail est la condition fondamentale de cette libération[2]. » Conclusion prosaïque qui a le mérite de prendre en compte la réalité contradictoire du travail : il n'y a pas d'émancipation sans travail – pour Marx, le travail est à la fois la nécessité naturelle et ce qui contraint l'homme à réveiller les facultés qui sommeillent en lui – et en même temps il n'y a de véritable émancipation qu'en dehors du temps de travail imposé par la nécessité, là où l'homme peut être à lui-même sa propre fin, ce qui, pour Marx, renvoie à toutes les activités créatrices dans lesquelles l'homme prend soin de lui-même, se perfectionne et s'élève intellectuellement.

Le travail n'est pas lié au mode de production capitaliste, ni même à la société de classes en général ; il est un concept anhistorique, commun à toutes les sociétés. Mais ce n'est pas pour autant une catégorie mystérieuse

1. *Ibid.*, p. 1498.
2. *Ibid.*

renvoyant à une malédiction ontologique, comme l'affirment certains penseurs. Le travail possède une définition théorique précise, qui permet, une fois pour toutes, de le distinguer de l'activité libre : ce qui définit le travail, par opposition à l'activité libre, c'est qu'il est nécessaire à la production et à la reproduction de la vie. Que le travail soit intéressant et stimulant pour l'esprit ou qu'il soit un travail abrutissant et pénible, il y a une marque commune qui fait que ces deux genres d'activités peuvent, à bon droit, être nommés travail : le travail est ce qui n'est pas facultatif.

L'activité libre, au contraire, est facultative. La distinction n'est sans doute pas facile à faire dans l'absolu, si on la renvoie à la distinction entre le nécessaire et le superflu ou entre le besoin et le luxe. Posséder des bijoux, des tableaux de maîtres ou des chevaux de course, c'est sans doute pour le milliardaire quelque chose de « facultatif », mais la fabrication des bijoux ou l'élevage des chevaux de course appartiennent incontestablement à la sphère de la nécessité pour celui qui se livre à ce genre d'activité. Il est également des activités qui, ordinairement, rentrent dans la catégorie des activités nécessaires à la reproduction et qui, cependant, peuvent être conçues comme des activités libres : ainsi le jardinage, le bricolage domestique et, en général, tous les soins apportés à l'embellissement de la maison et du cadre de la vie privée. Si, dans l'absolu, il n'est pas toujours possible de distinguer le travail de l'activité facultative, cette distinction reste néanmoins opératoire et continue d'être le grand partage de la vie, à condition de ne pas la poser à partir d'une typologie générale des activités humaines, mais en comprenant comment ces activités s'insèrent dans les rapports sociaux.

Il n'est évidemment pas indifférent que le travail soit fatigant et sans intérêt ou qu'il contribue à réveiller toutes les facultés qui sommeillent en nous, par exemple quand on essaiera de savoir ce qu'est un juste salaire, dans quelle direction doit aller l'automation, quelle forme d'organisation du travail est souhaitable, etc. L'amour du métier repose toujours sur deux caractéristiques fondamentales de certains types de travail : premièrement, la part plus ou moins grande qu'y prend le « plaisir désintéressé », ce qu'on appelle encore « la belle ouvrage » ; et, deuxièmement, la possibilité de maîtrise de l'ensemble du processus de production, à la fois en ce qui concerne la finalité et en ce qui concerne l'adéquation des moyens à ces fins.

Mais dans les deux cas, il s'agit d'assurer la reproduction, étant entendu qu'il ne s'agit pas seulement de la reproduction des seuls besoins matériels, mais aussi de la reproduction de l'ensemble des conditions de la vie, y compris les besoins « intellectuels », et la permanence des structures sociales (là encore, abstraction faite de leur caractère de classe, mais en tant qu'elles sont, de toute manière, indispensables à toute vie humaine). À partir de là, la seule question sérieuse n'est plus de savoir ce qu'est le travail en général pour l'homme en général, mais de savoir qui dirige le procès de travail et qui en définit les finalités.

Le travail ne rend donc pas libre. Mais le développement de la productivité du travail rend possible une libération en un double sens : une liberté « faible », comme connaissance et contrôle de la nécessité et une liberté « forte » comme développement de la puissance humaine. Que la liberté soit la fin de la vie sociale, c'est un point qui rattache fortement Marx à toute la philosophie idéaliste allemande. Mais il ne s'agit plus d'une liberté pour le « monde intelligible », pour « le règne des fins » kantien, mais bien d'une liberté effective, pratique. C'est encore cela le sens d'une « philosophie de la praxis ».

7

Une théorie générale de l'histoire?

> *« Les hommes font leur propre histoire, mais ils ne la font pas de plein gré, dans des circonstances librement choisies ; celles-ci, ils les trouvent au contraire toutes faites, données, héritage du passé. »*
>
> K. Marx, *Le 18 Brumaire de Louis Bonaparte.*

Marx a-t-il fondé une nouvelle science, la science de l'histoire, ainsi que l'affirmait Louis Althusser ? D'une part, il apporte incontestablement de nouvelles perspectives à la connaissance historique. Les principes de l'historiographie énoncés dans les manuscrits de *L'Idéologie allemande* (essentiellement dans la première partie consacrée à Feuerbach) sont largement acceptés. D'ailleurs Marx, quant à lui, reconnaissait sa dette envers l'école historique française, celle d'Augustin Thierry, par exemple, qui avait déjà montré le rôle des luttes de classes dans les processus historiques. Mais où serait la spécificité de l'apport de Marx ? En quoi serait-il un fondateur ?

D'autre part, on critique souvent Marx pour avoir construit, comme ses prédécesseurs allemands (Kant et Hegel, principalement), une philosophie-théologie de l'histoire, ce qui expliquerait la propension du marxisme à devenir l'idéologie d'un État totalitaire. Mais cette façon de voir n'est pas plus juste que la première. Marx critique avec virulence l'idéalisme hégélien et ses dérivés. Loin d'hypostasier l'histoire, il insiste : « l'histoire ne fait rien[1] » et elle n'est que la succession des générations. Ce sont les hommes qui font eux-mêmes leur propre histoire bien que dans des conditions qu'ils n'ont pas choisies.

En outre, le schéma général du développement historique qu'ont défendu les marxistes[2], s'il vaut en gros pour l'Europe occidentale, est loin d'avoir une valeur universelle : Marx a prêté une grande attention à tout ce qui pourrait invalider ce schéma, des sociétés « hydrauliques » (c'est-à-dire fondées sur la gestion de l'eau) comme l'Égypte antique ou la Chine, jusqu'à la communauté paysanne russe (le *mir*). L'histoire n'est donc pas un processus automatique qui ferait des hommes ses agents inconscients. Les hommes dans leur *praxis* inventent de nouvelles formes sociales et culturelles, non pas arbitrairement bien sûr, mais en fonction des conditions dont ils héritent des générations passées. Mais s'ils les inventent, les circonstances historiques conditionnent, mais ne déterminent pas.

1. Voir *La Sainte Famille*, in *Œuvres* III, *op. cit.*, p. 524.
2. La théorie des « cinq stades », communisme primitif, esclavage antique, féodalisme, capitalisme et, enfin, communisme. L'histoire était censée avancer de station en station jusqu'à la dernière. Malheureusement, il semble bien que le train se soit arrêté à la quatrième.

Il n'y a pas de théorie systématique de l'histoire

Il n'y a pas une pensée systématique de l'histoire chez Marx, mais des textes importants à différentes époques de sa vie, de statuts différents et qui n'ont pas rigoureusement le même objet. Entre *L'Idéologie allemande*, les passages les plus connus du *Manifeste*, les articles des *Luttes de classes en France* et du *18 Brumaire* et le fameux (trop fameux peut-être) avant-propos de 1859 (voir *infra*), exposé « standard » du « matérialisme historique », il n'est pas possible de trouver une unité systématique. Il n'est pas certain que la pensée de Marx sur cette question précise soit toujours parfaitement cohérente. Les textes qu'on vient de citer sont autant de pavés lancés contre la philosophie idéaliste de l'histoire. Mais reconnaissons que l'on peut tout aussi bien interpréter ce communisme, qui doit arriver avec la nécessité qui préside aux métamorphoses de la nature, comme une figure de la fin de l'histoire, à la manière kantienne ou hégélienne. Le communisme, en tant que « fin de l'histoire », viendrait prendre la place de l'État universel ou de l'État rationnel chez Kant et Hegel. On pourrait même y trouver quelque chose de l'eschatologie chrétienne – le prolétariat, dépourvu de tout, pourrait remplacer la figure christique dans le schéma de la kénose, c'est-à-dire l'humiliation du Christ et sa mort sur la croix comme la promesse que l'humanité sera sauvée. C'est non sans raison qu'on a pu dire que le marxisme était la dernière hérésie chrétienne.

En vérité, il n'y a pas de philosophie de l'histoire chez Marx et pas plus de science de l'histoire qui lui soit propre. Pour ceux qui aiment les classifications, il est facile d'opposer l'histoire événement / récit et l'histoire longue, Paul Ricœur et Marc Bloch, Raymond Aron et l'école des Annales, c'est-à-dire la reprise sous une forme singulière de l'opposition entre la sociologie compréhensive de Max

Weber (comprendre l'événement à partir de la reconstruction de l'intention des agents) et la sociologie de la contrainte de Durkheim (la détermination des actions individuelles par leur insertion dans le «fait social»). Or, Marx ne rentre dans aucune case de cette classification, ou plutôt il rentre dans les deux. L'histoire événementielle, celle de la prise du pouvoir par Louis Bonaparte, par exemple, ne peut être réduite à des vaguelettes à la surface d'un lac, selon la métaphore de Braudel. Mais en même temps, l'événement n'est compréhensible que comme expression des tendances profondes, de l'histoire longue… Qui pourrait être en désaccord avec cette façon de voir les choses?

Où pourrait donc résider la philosophie de l'histoire de Marx? Dans une lettre à Weydemeyer, datée du 5 mars 1852[1], il écrit: ««Maintenant, en ce qui me concerne, ce n'est pas à moi que revient le mérite d'avoir découvert l'existence des classes dans la société moderne, pas plus que la lutte qu'elles s'y livrent. Des historiens bourgeois avaient exposé bien avant moi l'évolution historique de cette lutte des classes et des économistes bourgeois en avaient décrit l'anatomie économique. Mon originalité a consisté:

1. À démontrer que l'existence des classes n'est liée qu'à des phases historiques déterminées du développement de la production;

2. Que la lutte des classes mène nécessairement à la dictature du prolétariat;

3. Que cette dictature elle-même ne représente qu'une transition vers l'abolition de toutes les classes et vers une société sans classe.»

C'est le mot «nécessairement» qui pose problème

---

1. *Correspondance*, t. III, *1852-1853*, Éditions sociales, 1962. Disponible sur la section française de Marxists Internet Archives (MIA).

ici : l'histoire aurait une direction nécessaire ! La formule «dictature du prolétariat ouvrant la voie à une société sans classes» serait donc la formule de cette nouvelle théologie de l'histoire. Mais prenons garde à quelques formules lapidaires, battues et rebattues par la tradition marxiste, et portons notre attention sur le travail théorique réel de Marx. Il faut aussi distinguer, d'un côté, ce qui guide les recherches théoriques de Marx et, de l'autre, son insertion dans l'action politique : on ne termine pas un tract comme un livre de 2000 pages ! Il y a des registres différents dans l'expression de la pensée historique de Marx et leur ajustement est loin d'être toujours assuré. D'autant que les conceptions de Marx évoluent au fur et à mesure que progresse sa réflexion et qu'il élargit ses champs d'étude – de la place spécifique de l'Église dans la société médiévale jusqu'à la communauté paysanne russe en passant par les «sociétés hydrauliques» – ou ce que l'on nommera «mode de production asiatique[1]».

Donc on aura du mal à faire de la philosophie de l'histoire ou de la théorie de l'histoire le centre de la pensée de Marx. Il n'y a jamais de réflexion sur l'histoire systématiquement construite dans l'œuvre de Marx, mais seulement des incidentes ou des développements utiles au but central qu'est la critique de l'économie politique.

---

1. Esquissée par Marx et Engels, l'idée de «mode de production asiatique», propre à la Chine, à l'Inde ou à l'Égypte ancienne, définit des sociétés sans propriété privée de la terre. Dans son livre sur *Le Despotisme oriental* (1957), Karl Wittfogel a qualifié ces sociétés d'«empires hydrauliques».

Le déterminisme historique ou les hommes font-ils librement leur histoire? Le singulier matérialisme de Marx

Pour présenter la pensée de l'histoire de Marx, on a coutume de faire un exposé du matérialisme historique. Marx, on le sait, attend et appelle de ses vœux une révolution sociale. Mais la révolution dont parle Marx n'est pas un projet, ou une tentative, qui serait voué à l'échec, d'insurrection morale contre une société fondamentalement injuste. Elle se veut fondée sur une certitude scientifique. La possibilité de cette révolution sociale est déterminée par les transformations sociales en cours. La révolution sociale n'est pas une brisure arbitraire de l'histoire, mais elle fait partie d'un processus global.

Dans la préface de 1859, comme nous l'avons montré plus haut (chapitre 6), il y a apparemment toute une mécanique historique qui ferait de la contradiction entre rapports de propriété et forces productives le moteur d'un progrès historique dont le mode de production capitaliste serait tout simplement l'avant-dernière phase, celle qui rend possible le passage au communisme parce que sont maintenant réalisées les conditions d'un développement illimité des forces productives. Le grand automate qu'est le capital serait le *deus ex machina* de l'histoire universelle, laquelle pourrait alors être désignée, selon l'expression de Louis Althusser, comme un « procès sans sujet ni fin », les hommes n'étant finalement que les rouages de cette machinerie. C'est d'ailleurs pour cette raison qu'il faut, selon Althusser, rompre délibérément avec les spéculations du jeune Marx, humaniste, perdu dans la « nuit anthropologique », et s'en tenir à la science des structures qu'aurait découverte le Marx de la maturité.

Quitte à retomber dans la « nuit anthropologique », nous allons montrer au contraire qu'il y a chez Marx des sujets de l'histoire, les individus vivants, souffrants et agissants. *Le 18 Brumaire de Louis Bonaparte* commence par une réflexion générale sur le lien entre l'histoire réelle et les représentations des hommes en train de faire cette histoire. Ce n'est évidemment pas un hasard : l'une des énigmes que Marx, tout au long de son œuvre, s'efforce de déchiffrer est celle des rapports entre les représentations spontanées que les hommes se font du monde et de leur propre activité et la réalité elle-même. C'est très exactement pour rendre compte de cet écart que Marx reformule le concept d'« idéologie ». Ces questions sont posées de manière très précise dans le manuscrit de *L'Idéologie allemande* : « La structure sociale et l'État résultent constamment du processus vital d'individus déterminés ; mais de ces individus non point tels qu'ils peuvent s'apparaître dans leur propre représentation ou apparaître dans celle d'autrui, mais tels qu'ils sont en réalité, c'est-à-dire tels qu'ils œuvrent et produisent matériellement ; donc tels qu'ils agissent sur des bases et dans des conditions et limites matérielles déterminées et indépendantes de leur volonté[1]. »

La difficulté vient de ce que nous n'avons accès à la réalité humaine qu'à travers les paroles, les actions, les œuvres des acteurs eux-mêmes, qui sont autant de représentations de la réalité et non la réalité elle-même. La connaissance historique suppose donc que l'on comprenne :

1. Quelle est la structure réelle de la société, structure qui découle du processus vital des individus ;

2. Comment cette structure réelle permet de comprendre les représentations que les acteurs s'en font ; et

3. Quels effets ont ces représentations sur les actions des individus.

---

1. *L'Idéologie allemande*, in *Œuvres* III, *op. cit.*, p. 1055-1056.

La pensée de Marx est souvent prise pour un «détermi-nisme historique» qui laisserait peu de place à la liberté humaine, puisque le cours des événements serait réglé en dernière analyse par la dynamique des forces produc-tives et des rapports de production, forces imperson-nelles dont les individus ne seraient finalement que les jouets. Or, dans les premières lignes du *18 Brumaire*, Marx d'emblée réfute cette conception : «Les hommes font leur propre histoire, mais ils ne la font pas de leur plein gré, dans des circonstances librement choisies; celles-ci, ils les trouvent au contraire toutes faites, données, héritage du passé[1].»

Les hommes font leur propre histoire : ils ne sont donc pas des purs produits des circonstances. Ils sont d'abord des acteurs. Marx s'oppose au matérialisme classique, notamment dans les *Thèses sur Feuerbach*, c'est-à-dire ce matérialisme qui considère que la seule réalité est la réalité extérieure, celle que nous pouvons appréhender par l'usage des sens. Certes, il ne soutient pas, contre ce matéria-lisme qui eût une si grande influence sur la philosophie du xviiie siècle, l'existence d'une réalité suprasensible. Mais il critique une conception qui fait de l'homme un sujet passif, soumis aux forces extérieures. Or, pour Marx, il faut partir au contraire de l'activité humaine pratique comme réalité subjective. Par conséquent : «La doctrine matérialiste du changement des circonstances et de l'édu-cation oublie que les circonstances sont changées par les hommes et que l'éducateur doit lui-même être éduqué[2].»

L'idéalisme ne vaut pas mieux que ce matérialisme mécaniste, non dialectique, puisqu'il réduit la réalité à l'idée et transforme l'activité humaine en une simple manifestation du mouvement des idées. «L'histoire devient ainsi une simple histoire des idées prétendues,

---

1. in *Œuvres* IV, *op. cit.*, p. 437.
2. *Thèses sur Feuerbach*, in *Œuvres* III, *op. cit.*, p. 1029.

une histoire de revenants et de fantômes ; et l'histoire réelle, empirique, fondement de cette histoire fantomatique, est exploitée à seule fin de fournir les corps de ces fantômes et les noms destinés à les habiller d'une apparence de réalité[1]. »

Il s'agit donc, pour Marx, de dépasser l'opposition entre l'idéalisme et ce matérialisme ancien pour fonder une nouvelle pensée : matérialiste en ce sens qu'elle doit s'en tenir à la réalité que nous avons sous les yeux, mais qui prend en même temps en compte comme objet premier les individus vivants, agissants, souffrants, et finalement donc se déterminant eux-mêmes, subjectivement.

Ainsi, les rapports de production, les structures économiques, politiques et idéologiques relativement stables s'imposent aux individus et les conditionnent, ils constituent bien une sorte de contrainte extérieure dont on ne peut faire abstraction. Mais ces rapports de production ne sont pas des choses indépendantes des individus ; ils sont constitués par les individus et les représentations qu'ils se font de la société et ces rapports peuvent être des rapports de collaboration aussi bien que des rapports conflictuels. Marx pourrait admettre, certes, l'élément de contrainte qui caractérise le fait social, mais le « fait social » n'est pas indépendant du psychisme individuel, c'est-à-dire de ce qui se passe dans le cerveau des acteurs. L'individu, dit-il, est la somme des rapports sociaux dans lesquels il est pris et il n'existe pas d'homme isolé des rapports sociaux, d'homme « à l'état de nature » comme dans les fictions des théoriciens classiques du contrat social. Mais l'individu reste, d'un autre côté, irréductible à ce qui pourrait apparaître comme des déterminismes sociaux, et ce pour deux raisons différentes mais qui convergent dans la société moderne.

D'une part, il y a quelque chose comme une « nature

1. *L'Idéologie allemande*, in *Œuvres* III, *op. cit.*, p. 1139.

humaine», indépendante de l'histoire et des déterminismes sociaux. L'homme est un «animal social» comme
le disait Aristote que Marx cite précisément à ce propos.
Mais tout comme Aristote qui s'empresse de distinguer
l'homme des autres animaux grégaires, telles les abeilles et
les fourmis, Marx précise que ce qui caractérise l'homme,
c'est que son activité est toujours une activité finalisée,
c'est-à-dire une activité dont le but préexiste idéalement
dans la pensée avant d'être effective. Et cela est vrai des
activités les plus machinales, les plus «naturelles» de
l'homme (voir *supra*, chapitre 4).

D'autre part, pour comprendre l'histoire, il n'y a donc
pas à chercher d'explication ailleurs que dans les actions
et interactions des individus, des individus qui agissent et
pensent en même temps, qui, par leur action, produisent
leurs représentations. En effet, «ce sont les hommes qui
sont les producteurs de leurs représentations, de leurs
idées, etc., mais les hommes réels, œuvrant, tels qu'ils sont
conditionnés par un développement déterminé de leurs
forces productives et du commerce qui leur correspond
jusque dans ses formes les plus étendues. La conscience
ne peut jamais être autre chose que l'être conscient[1]»…

Ce qui est proprement «matériel», ce n'est donc pas
la matière au sens commun du terme (les atomes, les
cellules, etc.), c'est l'activité subjective des individus, leur
puissance d'exister qui se déploie face à la nature et en
relation avec les autres. La plupart des contresens commis
sur le sens de la pensée marxienne viennent précisément
de ce qu'on a trop souvent assimilé son «matérialisme»
au matérialisme ancien ou au scientisme du XIXe siècle
ou encore que ce matérialisme était conçu comme un
«économisme» – finalement tout serait déterminé par
l'épaisseur du portefeuille, ce qui est non pas la pensée
de Marx, mais l'idéologie dominante de notre époque.

1. *Ibid.*, p. 1056.

Critique de la philosophie de l'histoire

De ce « matérialisme » de Marx, il se tire un certain nombre de conclusions concernant l'histoire elle-même. La plus importante est qu'il n'y a pas de place pour une philosophie de l'histoire, puisqu'il n'y a pas quelque chose, une puissance autonome qui s'appellerait « histoire » et qui commanderait le destin des hommes, pas de Providence, pas de dessein de la nature, pas d'Esprit absolu se réalisant. Dans *La Sainte Famille*, ouvrage commun de Marx et Engels, on trouve ceci qui se passe pratiquement de commentaires : « L'histoire ne fait rien, elle ne possède pas "de richesse énorme", elle "ne livre pas de combats" ! C'est au contraire l'homme, l'homme réel et vivant qui fait tout cela, possède tout cela et livre tous ces combats. [...] ce n'est pas l'histoire qui se sert de l'homme comme moyen pour œuvrer et parvenir – comme si elle était un personnage à part – à ses fins à elle ; au contraire, elle n'est rien d'autre que l'activité de l'homme poursuivant ses fins[1]. »

Là où l'idéalisme fait du « sens de l'histoire », du « jugement de l'histoire », de la « ruse de l'histoire », des manifestations d'une puissance transcendante, la providence divine, la nature ou l'esprit du monde, Marx détruit impitoyablement ces « universaux » qui ne sont que des produits de l'imagination. Il n'y a plus de place pour une philosophie de l'histoire si on élimine toute puissance transcendante à l'activité des individus, et il n'y a plus non plus de « fin de l'histoire » si l'histoire est la praxis humaine sans adjonction extérieure.

1. *La Sainte Famille*, in *Œuvres* III, *op. cit.*, p. 526.

Les conditions générales de l'activité humaine

Donc les hommes font leur propre histoire, mais Marx ajoute qu'ils ne la font pas de leur plein gré. S'ils sont l'élément actif, leur liberté n'est pourtant pas une liberté absolue, loin de là. Chaque individu est actif dans une situation déterminée dont il n'est pas le maître, qu'il n'a pas choisie librement. Personne n'a choisi de naître, de naître ici plutôt qu'ailleurs, à cette époque plutôt qu'à une autre, etc. La liberté humaine est toujours une liberté dans une situation donnée, une liberté qui compose avec la nécessité, et l'individu est d'autant plus libre qu'est plus grande sa puissance d'agir sur les conditions qui s'imposent à lui. Mais aussi puissants que nous soyons, nous ne pouvons pas faire que ce qui a été n'ait pas eu lieu. Nous pouvons transformer les conditions dont nous héritons ou les laisser en l'état, mais nous n'avons aucune possibilité de prendre la machine à remonter le temps et de choisir d'autres conditions. C'est tout simplement prendre en compte cette réalité essentielle : l'homme est un être historique.

Mais ces conditions, héritées du passé, dans la mesure où elles sont les conditions de l'activité, produisent des représentations. Et c'est pourquoi « [l]a tradition de toutes les générations mortes pèse comme un cauchemar sur le cerveau des vivants[1] ». Puisque les hommes font leur propre histoire dans des conditions qu'ils trouvent toutes faites, il s'en déduit que l'histoire ne peut pas se répéter. L'événement est toujours singulier, toujours déterminé. Et si l'histoire semble parfois se répéter, comme le signale Marx, reprenant sur ce point Hegel, cette répétition n'est toujours qu'une apparence qui tient à la perception que les individus se font de la réalité et non à la réalité elle-même.

1. in *Œuvres* IV, *op. cit.*, p. 437.

Pour cette raison, si l'histoire se répète, la deuxième fois, c'est une farce – l'imitation des personnages graves produit souvent un effet comique ! L'épisode 1848-1852 est placé entièrement sous le signe de la répétition des grandes heures de la révolution. Mais là où la tragédie régnait, c'est maintenant la farce. Louis Bonaparte est pour Hugo « Napoléon le Petit ». Le portrait qu'il en fait souligne la dissemblance. Mais Hugo en fait un grand criminel, « un malfaiteur de la plus cynique et de la plus basse espèce », il a commis « un crime qui contient tous les crimes[1] ». Marx, au contraire, souligne la médiocrité du personnage, aventurier désargenté sans le moindre génie, pas même le génie du crime ! Dans l'avant-propos de 1869 à la réédition du *18 Brumaire*, Marx critique Hugo : « Victor Hugo se borne à des invectives amères et spirituelles contre le responsable en chef du coup d'État. Sous sa plume l'événement lui-même apparaît tel un éclair dans un ciel serein. Il n'y décèle que l'action violente d'un seul individu. Il ne s'aperçoit pas qu'il grandit cet individu au lieu de le rapetisser. [...] Je montre au contraire comment la lutte de classes en France a créé des circonstances et des conditions qui ont permis à un médiocre et grotesque personnage de jouer le rôle de héros[2]. » Mais ce héros « médiocre et grotesque » est à la hauteur d'une classe politique médiocre qui se contente de cacher sa médiocrité derrière les oripeaux d'une histoire glorieuse. Alors que la Montagne de 1792 affronte son destin avec une grandeur tragique, la Montagne de 1848-1851 va jouer un rôle pitoyable se brisant sur le mur de ses propres illusions.

Non que Marx admire sans réserve les héros de la Révolution. Dans ses premiers écrits contre la censure prussienne (1843), il critiquait les « lois tendancieuses »

---

1. Voir V. Hugo, *Napoléon le petit*, livre I, chap. III.
2. in *Œuvres* IV, *op. cit.*, p. 434.

de Robespierre, expression de «la détresse de l'État».
Dans *La Sainte Famille*, plusieurs pages sont consacrées
aux «illusions» des dirigeants révolutionnaires. Mais
il s'agira de montrer que la tragédie comme la farce
dépendent des conditions historiques. Caricature de
la Révolution française, caricature de la caricature de
Napoléon, ces caractères des événements et des hommes
de 1848-1851 déguisent et expriment simultanément la
réalité qui conduit au coup d'État, c'est-à-dire son sens
historique.

De cela découle que les hommes agissent plus souvent
en fonction de représentations imaginaires qu'en fonction
d'une connaissance adéquate de la réalité. Il faut ici
faire un détour et comprendre les mécanismes de l'idéologie, c'est-à-dire de cette représentation du réel renversée
comme une *camera oscura*. Lorsque Marx parle d'idéologie,
il ne désigne pas, comme on le fait souvent aujourd'hui,
une doctrine, une grande conception du monde ou un
«grand récit». Une doctrine, une philosophie ou une
théorie, ce sont là des discours qui se présentent explicitement comme des discours et se soumettent donc à
la critique rationnelle. L'idéologie, au contraire, ce sont
des représentations qui sont largement partagées par les
individus d'une société donnée à une époque donnée
et ne sont justement presque jamais questionnées tant
elles paraissent naturelles ou évidentes.

Typiques de cette analyse des procédés de l'illusion
idéologique sont les pages que Marx écrit dans *La Sainte
Famille* à propos de Robespierre et Saint-Just. Ces derniers
se représentent la Révolution française dans les habits
romains. Lorsqu'ils invoquent la liberté, la justice et la
vertu, ce sont les vertus antiques qu'ils évoquent. Marx
conclut: «Robespierre, Saint-Just et leur parti ont succombé
parce qu'ils ont confondu l'antique république, réaliste et
démocratique, qui reposait sur les fondements de l'esclavage
réel, avec l'État représentatif moderne, spiritualiste et

démocratique, qui repose sur l'esclavage émancipé, sur la société bourgeoise. Être obligé de reconnaître et de sanctionner, dans les droits de l'homme, la société bourgeoise moderne, la société de l'industrie, de la concurrence générale, des intérêts privés poursuivant librement leurs fins, la société de l'anarchie, de l'individualisme naturel et spirituel aliéné de lui-même et vouloir en même temps anéantir après coup dans certains individus les manifestations vitales de cette société tout en prétendant modeler à l'antique la tête politique de cette société : quelle colossale illusion[1] ! »

Et c'est précisément sur ces illusions « à l'antique » que la dictature jacobine s'est fracassée, permettant ensuite que la nouvelle société bourgeoise manifeste sa vitalité. De cela nous pouvons déduire deux idées également importantes. Premièrement, les hommes « font » leur histoire, mais ils ne savent pas, le plus souvent, quelle histoire ils font. Le radicalisme jacobin n'a pas instauré une république à la romaine, mais l'État bourgeois moderne. Deuxièmement, si les hommes sont prisonniers de leur époque, ils ne le sont que partiellement. Les idées ne peuvent pas aller, dit encore Marx, au-delà de l'époque, puisque pour devenir effectives elles doivent être réalisées par des individus vivants. Mais elles peuvent aller au-delà des idées de l'époque – ici Marx rappelle dans *La Sainte Famille* le rôle de ces tendances qu'on pourrait dire « proto-communistes » incarnées par Jacques Roux ou par Gracchus Babeuf.

Cette analyse esquissée dès 1844-1845 dans la polémique contre l'idéalisme des Jeunes hégéliens est reprise et développée dans *Le 18 Brumaire*. Les acteurs historiques semblent toujours prisonniers du passé, et ce d'autant plus qu'ils sont lancés dans une action qui bouleverse le présent, car « c'est justement à ces époques de crise révolutionnaire

1. *La Sainte Famille*, in *Œuvres* III, *op. cit.*

qu'ils évoquent anxieusement et appellent à leur rescousse les mânes des ancêtres[1] ». Marx parle encore des « conjurations historiques des morts ». Mais celles-ci n'obscurcissent pas seulement les esprits des acteurs vivants. Elles leur permettent aussi de trouver le courage d'affronter les tâches de l'heure. Une fois ces tâches accomplies, « les colosses antédiluviens » disparaissent. Mais si peu héroïque que soit la société bourgeoise, il n'en fallut pas moins l'héroïsme, l'abnégation, la terreur, la guerre civile et les guerres contre l'étranger pour lui donner naissance. Autrement dit, les illusions ont, elles aussi, une force historique. La période 1848-1851 n'échappe pas à cette règle. Mais la situation a changé depuis 1789. C'est « le retour du spectre de la vieille révolution ». Tous les acteurs de ce moment historique se déguisent. Le travail historique consiste précisément à démasquer ces spectres, à mettre au jour la réalité sociale et politique qui s'exprime dans ces affrontements.

Anciennes révolutions et révolution à venir

Il s'agit donc de sortir de l'illusion. Pour Marx, ce n'est pas seulement un travail théorique, celui de l'historien, mais aussi un travail pratique. La révolution de 1848 est la première manifestation de la révolution à venir, « la révolution sociale du XIXᵉ siècle ». Les révolutions antérieures puisaient leur force dans « la poésie du passé ». La nouvelle révolution est tournée résolument vers l'avenir. « Il faut laisser les morts enterrer leurs morts. »

D'où vient cette certitude de Marx ? D'abord d'une conception de l'histoire comme fondamentalement révolutionnaire. Contre l'idée d'un progrès linéaire, procédant par accumulation de petites transformations – une idée

1. *Le 18 Brumaire…*, in *Œuvres* IV, *op. cit.*, p. 438.

qu'on retrouve dans le vieux principe aristotélicien selon lequel « la nature ne fait pas de sauts » –, Marx emprunte à Hegel un schéma « dialectique » de l'histoire : ce sont les contradictions d'une époque qui préparent sa transformation. Mais ce qui chez Hegel est d'abord purement logique doit chez Marx prendre une figure matérialiste : les luttes de classes qui découlent de la structure de la production et des rapports de propriété sont les contradictions réelles qui mettent à bas l'ancienne société et en édifient une nouvelle. « L'histoire jusqu'à nos jours est l'histoire de la lutte des classes » disait le *Manifeste du parti communiste*. Ce qui n'est énoncé que d'une manière très générale dans ce texte fameux trouve dans *Le 18 Brumaire* une traduction concrète. 1848 marque une articulation entre deux phases historiques : c'est l'ultime soubresaut de la révolution « bourgeoise » de 1789 et le véritable début de la nouvelle révolution.

La différence essentielle entre ces deux genres de révolutions, les révolutions bourgeoises qui appartiennent au passé et les révolutions prolétariennes qui viennent, tient en ceci : la bourgeoisie renverse l'ordre ancien en déguisant ses intérêts particuliers sous les oripeaux de l'intérêt général, du bien commun, de la vertu, etc. La nouvelle révolution, celle du prolétariat, parce qu'elle est conduite par la classe la plus exploitée de la société, est porteuse réellement de l'intérêt de la société entière et c'est pourquoi elle n'a pas à se dissimuler, ni à elle-même ni aux autres classes de la société, ses propres buts. Et c'est précisément pour cette raison qu'elle doit cesser d'être une « nécromancie », qu'elle doit chasser les spectres et donc n'a pas à se vivre drapée dans les habits héroïques d'une époque révolue.

Un processus social complexe

Il faut cependant se garder de toute vision simpliste de ce processus. Le concept fondamental de Marx est celui de mode de production et la société moderne est dominée par le mode de production capitaliste. Ce concept pourtant n'est qu'un concept théorique, un outil d'analyse. Les formations sociales concrètes sont toujours des combinaisons de divers modes de production. Ainsi dans la France qu'analyse Marx existe une vaste classe paysanne, le «paysan parcellaire», dont la vie se tient encore largement à l'écart du cours de l'histoire moderne. En outre, les classes dirigeantes sont profondément divisées. Il reste une aristocratie foncière qui vit de la rente de la terre et dont les intérêts ne se confondent pas avec ceux du capital financier – qui vit de l'intérêt de la dette – et encore moins avec ceux des capitalistes industriels, ceux dont le capital seul est véritablement producteur de plus-value. Il existe aussi toute une petite bourgeoisie encore indépendante – des artisans, des commerçants – et une classe intellectuelle (avocats, journalistes, écrivains, hommes de loi, universitaires) dont l'attitude politique est très variable et oscille selon les circonstances. Il faut enfin ajouter que les ouvriers eux-mêmes sont encore très divisés, ils viennent souvent directement de l'artisanat ruiné et les ouvriers parisiens sont encore loin de constituer la classe ouvrière qui formera la base du développement des syndicats et des grands partis ouvriers à l'époque suivante.

Comprendre l'histoire réelle, ce n'est donc pas appliquer mécaniquement le schéma théorique. C'est analyser la complexité des rapports entre toutes les classes de la société, comment se nouent et se dénouent les alliances, et dessiner dans ce chaos le facteur d'ordre qui permet de tracer la perspective des événements à venir. Mais c'est aussi comprendre comment les individus agissent et réagissent face à ces situations. Car si les «conditions matérielles» d'existence conditionnent les individus, elles ne les déterminent pas au sens strict.

L'exemple de la théorie des crises. Le communisme comme possible

On a parfois voulu voir dans *Le Capital* un traité scientifique formulant des lois de même nature que les lois de la physique. Ce faisant, on suit seulement les indications de Marx lui-même qui compare son travail avec celui de Galilée : il prétend effectuer à l'égard de l'économie politique une transformation semblable à celle de Galilée à l'égard de Ptolémée : à une théorie qui se contente d'exposer le mouvement apparent de la marchandise, il oppose une théorie qui expose le mouvement réel masqué par ce mouvement apparent. Mais l'analogie va encore plus loin : comme Galilée est au fond le premier à fonder l'idée de loi physique au sens moderne du terme, Marx voudrait exposer les lois du mode de production capitaliste. Or ce concept de loi est propice à toutes les confusions. On parle de déterminisme, pour désigner le système des lois physiques, un déterminisme qui semble s'imposer avec la nécessité implacable que présuppose la mathématisation des lois. Mais si les lois de la physique sont déterministes – même des lois statistiques sont des lois déterministes –, elles ne sont pas pour autant nécessaires. Les lois de conservation (de l'énergie, de quantité de mouvements, etc.) sont peut-être conformes à la perfection divine comme on pouvait le penser au XVIIe siècle, il n'en demeure pas moins que rien ne nécessite que ce soient ces lois-là plutôt que d'autres. Les théories scientifiques ne sont jamais que les théories d'un monde possible : un monde newtonien est un monde possible, même si nous pensons aujourd'hui que notre monde est plus conforme

Introduction à la pensée de Marx

à la théorie de la relativité d'Einstein qu'à la gravitation newtonienne. Si donc on commençait par clarifier le statut des lois et le concept de loi dans les théories scientifiques, on éviterait de propager dans l'interprétation de Marx les confusions scientistes qui ont contribué à appauvrir cette théorie et finalement à la discréditer injustement.

Ce que propose l'analyse historique de Marx, c'est une théorie du possible. Prenons l'exemple de la théorie des crises. Les sciences de la nature visent à la prédiction et c'est pourquoi elles s'expriment dans des lois mathématiques. Par sa nature même, l'analyse de Marx ne donne aucune prévision chiffrée, non parce que Marx ne disposait pas de modèles mathématiques suffisants, mais parce que ce n'est pas son objet. Entendons-nous bien : Marx a cherché des modèles mathématiques – par exemple dans l'explication de la baisse tendancielle du taux de profit ou dans la conversion des valeurs en prix. On peut même y trouver des lois de conservation, si on veut : par exemple, celle qui affirme que « la somme des valeurs est égale à la somme des prix » pourrait être une loi de ce genre. Mais *Le Capital* n'est d'aucune utilité pour la gestion et les prévisions économiques ! La théorie des crises cycliques ne donne aucune prévision chiffrée et vérifiable. Marx constate après coup les crises cycliques et tente d'évaluer leur fréquence moyenne à partir d'outils statistiques, mais nulle part son travail ne permet d'expliquer pourquoi les crises ont lieu tous les dix ans environ à telle époque, tous les six ou sept ans à une autre époque, etc. Sur ce plan, Marx s'en tient à des considérations purement empiriques, notamment celles qui lui sont fournies par son ami Engels à partir de sa connaissance « de l'intérieur » de la marche des affaires. On peut même aller plus loin et affirmer qu'il n'y a pas à proprement parler de théorie des crises cycliques chez Marx. Il y a une théorie du cycle qui suit le double mouvement de la marchandise et de l'argent.

Il y a une théorie de la crise en général, ou du moins une théorie de la possibilité formelle des crises dans l'analyse de la marchandise de la première section du livre I du *Capital*. Mais on ne trouve pas véritablement de théorie des crises cycliques en tant que telles. Ce qui, d'ailleurs, explique que les marxistes se soient acharnés à construire une théorie marxiste des crises au sujet de laquelle il existe autant d'interprétations que de marxistes...

Quand Marx s'essaie aux prévisions économiques, c'est le plus souvent par une analyse de conjoncture qui ne s'appuie pas sur les éléments spécifiques de sa théorie mais plutôt sur le fonds d'idées communes à tous les économistes, comme si la théorie n'avait plus rien à dire de spécifique dès qu'on s'intéresse à la réalité quotidienne. En fait, Marx se contente de définir des « lois de possibilité » si l'on peut dire. La marchandise, de par sa nature, recèle en elle-même la possibilité de la crise de surproduction – cette crise inimaginable dans les sociétés anciennes où les crises étaient des disettes et des famines. En effet, le producteur n'est jamais certain que son produit trouvera preneur. Le désajustement entre production et consommation peut interrompre le cycle de reproduction du capital et ouvrir la voie à une crise qui atteint tous les secteurs. Mais possibilité formelle ne veut pas encore dire possibilité réelle et encore moins nécessité. Mais Marx va au-delà de ce constat : les crises périodiques de surproduction sont intimement liées aux lois de l'accumulation du capital et, de ce point de vue, elles sont nécessaires. Elles sont nécessaires parce qu'elles découlent de ces lois et il est impossible de concevoir un mécanisme permettant de les éliminer tant qu'on est dans le mode de production capitaliste. Elles sont aussi nécessaires parce qu'elles jouent un rôle dans le développement même de l'accumulation. Bref, il ne peut pas y avoir d'accumulation capitaliste sans crise ! Mais, il faut immédiatement préciser que ces crises ne sont pas, ou du moins pas principalement, des crises de surproduction de marchandises, mais des crises de surproduction du capital : la crise survient parce qu'il y a trop de capitaux qui ne trouvent pas à se mettre en œuvre au taux moyen de profit de la période antérieure. Il n'y a pas trop de marchandises mais plutôt pas assez de plus-value – c'est pourquoi les crises majeures sont généralement précédées de phases intenses de spéculation, c'est-à-dire de phases dans lesquelles on cherche à encaisser les plus-values à venir de capitaux hypothétiques faute d'en trouver dans le présent. C'est pour cette raison aussi que les mécanismes régulateurs (typiquement, les mécanismes de type « keynésien ») ne peuvent que lisser les cycles ou repousser la crise, mais non la supprimer.

Constatant une certaine régularité, Marx pousse l'analogie jusqu'à l'extrême : « Tout comme un corps céleste, une fois lancé dans un mouvement déterminé, répète constamment ce même mouvement, la production sociale une fois lancée dans ce mouvement alterné d'expansion et de contraction le répète constamment. Les effets deviennent à leur tour des causes, et des alternances dans l'ensemble du procès, qui reproduit constamment ses propres conditions, prennent la forme de la périodicité[1]. » Pourtant, les crises ne sont pas des phénomènes naturels et leur cycle est éminemment variable. La marche des affaires prend une apparence cyclique en raison d'une loi plus fondamentale du mode de production capitaliste, la loi de la baisse tendancielle du taux moyen de profit. Marx montre qu'à long terme ce taux moyen de profit tend nécessairement à baisser. Disons pour aller vite que cette loi exprime dans les conditions du mode de production capitaliste la progression de la productivité du travail et la substitution du travail mort au travail vivant. Il faut baisser les coûts de production pour faire

1. in *Le Capital*, livre I, *op. cit.*, p. 71.

face à la concurrence, en augmentant la productivité du travail par l'automatisation et ainsi réaliser, pendant un temps, des surprofits jusqu'à ce que la concurrence ayant fait son œuvre tout le monde se retrouve logé à la même enseigne à nouveau, mais avec un profit plus bas. Puisque c'est seulement le travail vivant qui produit de la plus-value, cette loi énonce tout simplement la condamnation historique du mode de production capitaliste, puisqu'à long terme le profit tombe à zéro et que l'accumulation du capital s'interrompt. Le mode de production capitaliste est comme le cycliste qui ne reste en équilibre qu'en pédalant. Mais cette condamnation historique du mode de production capitaliste n'est qu'une possibilité ouverte car la loi de la baisse tendancielle du taux de profit est une loi seulement tendancielle dont l'action est contrecarrée par de nombreuses tendances opposées. Tant que l'action des hommes ne renverse pas le mode de production capitaliste, celui-ci trouve toujours les moyens de sa survie, fût-ce en procédant à des destructions massives comme on l'a vu par deux fois au cours du xxᵉ siècle.

Résumons : il y a une tendance historique de la production capitaliste ; cette tendance s'exprime dans le mouvement quasi cyclique de crises conjoncturelles : voilà ce qui rappelle au capitalisme qu'il doit mourir. Mais aucune fatalité historique là-dedans : le *memento mori* qu'est la crise ne vient que rappeler la possibilité du renversement de ce mode de production, de son caractère historique, et non pas exécuter une sentence que la déesse « Histoire » aurait prononcée.

Marx, comme tous les révolutionnaires, a souvent eu tendance à annoncer la révolution sociale pour la semaine suivante et à constater après coup que l'histoire n'a pas honoré les traites sur l'avenir qu'on lui a présentées. Ayant décrété la « révolution en permanence » dans une adresse célèbre après la défaite du mouvement révolutionnaire de 1848, il a cependant appris à être prudent. Mais il reste persuadé non seulement que le capitalisme est son propre fossoyeur, mais encore que la révolution sociale qui aboutira au communisme est assez proche et que la transition sera rapide. Cet optimisme historique commande l'emploi de formules qui relèvent de l'acte de foi : l'expropriation des expropriateurs est une «fatalité». Cependant, là encore, une lecture plus attentive de Marx aurait dû mettre en garde contre une interprétation quasi religieuse des fameuses lois de l'histoire. Il ne fait guère de doute que l'expropriation des expropriateurs se réalise en permanence dans la marche même du mode de production capitaliste : rachats, fusions, faillites, OPA : la propriété capitaliste n'a aucune espèce de stabilité et la circulation du capital financier est aussi nécessairement une circulation des titres de propriétés. Il y a bien là comme une nécessité, mais ce n'est pas celle de l'instauration de nouveaux rapports de propriété. La production capitaliste engendre sa propre négation, soit, mais cette négation prend toutes sortes de formes en fonction des circonstances et de l'action des différents acteurs, ainsi qu'on l'a vu au chapitre précédent. Mais ce que Marx considère comme étant le dénouement quasi inéluctable du développement des contradictions du mode de production capitaliste n'est en réalité qu'une possibilité qui est loin de s'accomplir avec la nécessité des processus naturels. Marx pensait que les ingénieurs et cadres supérieurs se rapprocheraient des ouvriers au point de former une seule classe manuelle et intellectuelle (c'est cela qu'il entend quand il parle de la formation du *general intellect*).

Mais le processus historique, pour des raisons qu'il serait trop long d'expliquer ici, a pris une autre direction. Loin d'une homogénéisation de la classe des producteurs, on a assisté au contraire à sa fragmentation, et si les producteurs sont devenus propriétaires des moyens de production, c'est sous des formes méconnaissables, par exemple avec les fonds de pension («propriétés», si l'on peut dire, de leurs salariés cotisants). Mais cette histoire elle-même, celle des quarante dernières années, était loin d'être écrite par avance. Dans les années 1960, la question de l'association des producteurs était omniprésente, sous des formes diverses : discussion sur le rôle des cols blancs, «nouvelle classe ouvrière[1]», intégration des «ingénieurs, cadres et techniciens» au syndicalisme ouvrier, revendications portant sur le contrôle des salariés sur la production et la direction, etc. On pourra s'interroger sur les effets de désagrégation à long terme qu'ont eus, face à ce mouvement, les revendications «sociétales» et la priorité donnée aux «désirs» des individus dans la continuation de certaines tendances de Mai 68.

Pouvons-nous tirer des conclusions de tout cela ? Les rêves de Marx ont souvent tourné au cauchemar, mais ce n'était pas inscrit dans les textes, et le renversement du capitalisme reste possible. Après coup, nous comprenons quelles sont les causes qui ont déterminé l'évolution du mouvement historique et pour quelles raisons les possibilités que Marx avait dessinées ne se sont pas réalisées comme il l'avait pensé. Et, comme dans toutes les constructions rétrospectives de ce genre, on est vite tenté d'y trouver plus qu'une détermination, mais bien une nécessité. Mais cette nécessité est seulement celle qui s'attache au passé. Hier comme aujourd'hui, le futur est toujours contingent.

Pour conclure, il n'y a chez Marx ni science de l'histoire (dont Marx serait le Galilée !), ni une philosophie de l'histoire à la façon des philosophes idéalistes allemands.

---

1. Voir Serge Mallet, *La Nouvelle Classe ouvrière*, éditions du Seuil, 1963, mais aussi l'ouvrage fondateur de Charles Wright Mills, *White Collar : the American Middle Classes*, Oxford University Press, 1951.

Il y a un travail d'historien rigoureux mais, à la différence de l'histoire universitaire, l'œuvre de Marx se veut d'abord une exploration du champ des possibles, c'est-à-dire ouverte sur l'action pratique pour transformer le monde.

8

Politique
et dépérissement du politique

> « *L'Europe bondira de son siège pour lui crier
> dans l'allégresse: "Bien creusé, vieille taupe"!* »
>
> K. Marx, *Le 18 Brumaire de Louis Bonaparte.*

Curieusement, il n'y a chez Marx aucune théorie politique achevée, pas de « science politique ». Il y a des analyses brillantes consacrées à des séquences historiques particulières – comme les luttes de classes en France en 1848, la prise du pouvoir par Louis Bonaparte ou la Commune de Paris de 1871. Mais on ne trouve aucune construction systématique d'une théorie politique. Le plan du *Capital* prévoyait un livre consacré à l'État, mais ce livre n'a jamais vu le jour. De même, si l'État est l'organisation de la classe dominante, la théorie des classes n'est jamais sérieusement conceptualisée (le livre prévu sur les classes sociales manque aussi à l'appel). La notion de « dictature du prolétariat » est également très ambiguë et a pris des sens divers suivant les périodes. Par exemple, les analyses consacrées à la Commune de Paris éclairent d'un jour très particulier cette « dictature du prolétariat » qui fait place à une démocratie radicale. On en est donc réduit à reconstruire en creux la théorie politique de Marx.

Il reste une formule générale, « dépérissement de l'État », qui pourrait expliquer qu'il n'y ait pas à proprement parler de « politique » chez Marx, puisque son objet est tout simplement voué à s'éteindre ! Et cependant, à l'encontre des anarchistes, Marx défend la nécessité de l'action politique et de l'organisation de la classe ouvrière en parti. Essayons de mettre un peu d'ordre dans tout cela.

La théorie standard attribuée, non sans raison, à Marx

Si on essaie de reconstituer la théorie politique de Marx, on peut arriver à une théorie standard qui a été largement diffusée par le marxisme. Résumons donc cette théorie standard en trois propositions :

1. L'État n'est que l'organisation de la domination de la classe dominante.

2. La classe ouvrière doit s'emparer de la machine d'État, la briser et instituer la dictature du prolétariat.

3. Mais ce nouvel État ne sera pas à proprement parler un État, puisqu'il sera l'État de la majorité œuvrant à la disparition des antagonismes de classes et par conséquent à la disparition des fondements de tout État.

Ces trois propositions sont aussi problématiques les unes que les autres. Elles supposent un concept clair de classe sociale et une détermination précise des rapports entre classes et État. En ce qui concerne le premier point, les difficultés d'une théorie des classes et des rapports de classes sont patentes bien que souvent ignorées dans le marxisme. Dans un passage du livre III, Marx semble définir les classes sociales par l'origine de leur revenu, pour dire aussitôt que ce n'est pas la bonne méthode et nous laisser sur notre faim. Il n'en va pas mieux avec le deuxième point : bien que le marxisme orthodoxe enseigne que l'État est toujours l'État de la classe dominante, on va voir que cette proposition est elle-même très problématique.

Commençons par examiner ce qu'il en est de l'État en général. La grande rupture de Marx avec Hegel s'opère sur la question de l'État. Avant de passer à la critique de l'idéalisme de Hegel, Marx s'en est pris à la conception hégélienne de l'État dans le manuscrit de 1843 évoqué plus haut. Mais Marx va au-delà de cette critique philosophique de la philosophie politique hégélienne. Il indique qu'il faut remonter aux fondements de l'État, qu'on ne trouvera pas dans la théorie politique mais dans la compréhension des rapports réels : comme nous l'avons déjà noté plus haut, la structure sociale et l'État résultent constamment du processus vital d'individus déterminés. Cette dernière formulation assez vague est précisée un peu plus loin. L'origine de l'État est reliée à la division du travail ou, plus exactement, au fait que cette division du travail commence à se figer. En effet, l'État s'impose quand, la division du travail étant stabilisée, « l'intérêt commun » doit prendre une forme indépendante des acteurs sociaux, afin de garantir que chacun reste à la place qui lui est assignée. Dans les sociétés de chasseurs-cueilleurs, là où la division du travail se limite à la division sexuelle du travail, l'intérêt d'ensemble de la société est toujours présent dans chaque activité. Le lien social est immédiat. Au contraire, dès que la division du travail est figée, non seulement les individus perdent de leur liberté, mais ils perdent aussi la représentation claire de l'intérêt commun – et pour cause : certains trouvent tout leur intérêt dans la division sociale du travail alors qu'elle est la source de la servitude des autres. C'est pourquoi celle-ci doit apparaître maintenant comme une réalité objective qui se dresse face à eux. Si l'intérêt commun se dresse comme une réalité objective face à l'intérêt particulier, c'est tout simplement que cet intérêt commun à toute la société est devenu un intérêt commun illusoire parce que la société elle-même, divisée par la division du travail, est devenue une communauté illusoire. Les intérêts réels des individus et l'intérêt de la société ne coïncidant plus, l'État apparaît comme la réconciliation de la réalité particulière et de l'universel, mais c'est une mystification. La société est faite d'une pluralité d'intérêts divergents, elle n'est pas une totalité idéale. Cette totalité idéale, cet « universel », est une abstraction qui masque la réalité en la renversant. Bref, si une communauté illusoire est nécessaire, c'est parce que la communauté réelle n'existe pas ou, plus exactement, n'est que le champ d'une lutte. Dans cette lutte s'expriment les intérêts de classes « dont l'une domine les autres ».

Le politique est ainsi le royaume de l'illusion. La réalité, ce sont les intérêts individuels qui forment le point de départ. Si la communauté n'existe que sous une forme illusoire, on se demande pourquoi les individus ont besoin de cette forme illusoire et pourquoi ils croient (plus ou moins) à cette illusion. L'illusion a une valeur fonctionnelle : elle permet aux membres des classes dominées d'accepter leur condition sociale réelle et aux classes dominantes de dominer. Mais ce type d'explication a le défaut de toutes les explications fonctionnalistes : on constate *a posteriori* que telle institution sociale remplit un certain rôle, mais cela n'explique ni sa genèse ni ses spécificités.

Mais Marx parle de luttes qui se déroulent à l'intérieur de l'État. Cela veut dire que l'État n'est pas seulement une forme indépendante séparée des intérêts réels puisque ces intérêts réels s'expriment – sous des formes illusoires, certes – à l'intérieur de l'État. L'État n'est donc pas simplement un outil fonctionnel au service d'un certain type de rapports sociaux, il est aussi un terrain et un enjeu de la lutte entre les classes définies par ces rapports sociaux. C'est pourquoi la question posée à la classe ouvrière est de s'emparer du pouvoir d'État, ce qu'elle ne peut faire d'ailleurs sans être capable de faire valoir ses intérêts propres comme les intérêts de la société tout entière. Et c'est pourquoi *Le Manifeste* propose que la classe ouvrière s'empare du pouvoir d'État afin d'engager des réformes[1] qui ouvrent la voie à une révolution sociale.

Les formes d'État (aristocratie, monarchie, démocratie) n'ont en elles-mêmes aucune importance réelle puisqu'elles ne sont que les expressions illusoires des luttes d'intérêts réels. Cette indifférence aux formes de l'État ne sera pas constante chez Marx. Alterneront les dénonciations du suffrage universel comme duperie ou, au contraire, la revendication du suffrage universel comme le moyen par excellence pour établir le pouvoir du prolétariat – la lutte pour le suffrage universel a été la première grande manifestation du mouvement ouvrier en Grande-Bretagne à travers le chartisme et *Le Manifeste* fait de ce droit une des réformes fondamentales que le prolétariat au pouvoir doit instituer. De même la république parlementaire sera considérée tour à tour comme la forme par excellence de la domination de la bourgeoise et comme la forme de la dissolution de cette domination, sans que cela soit véritablement contradictoire. Avec la Commune de Paris, il propose même une analyse assez subtile de la transformation des formes de pouvoir. L'État n'est pas un outil neutre en lui-même qui pourrait être utilisé pour des visées radicalement différentes selon la classe sociale qui en assure le contrôle. L'État bourgeois en France est un État

---

1. Il est intéressant de remarquer qu'une bonne partie des revendications immédiates du *Manifeste du parti communiste* a été réalisée dans le cadre des « États bourgeois » à la Libération, en Grande-Bretagne, en Italie ou en France, par exemple.

centralisé et omniprésent dont l'organisation, remarque Marx, remonte à la monarchie absolue. La Révolution française l'a, certes, profondément transformé, mais c'est l'Empire et la Restauration qui vont lui donner sa forme presque définitive. Cependant, les rapports de force entre les groupes des classes dominantes et entre dominants et dominés le remodèlent.

Dans sa structure même, l'État bourgeois est un instrument au service de la classe capitaliste au « caractère purement répressif ». De ce point de vue, le Second Empire n'a fait que perfectionner cette machine d'État et en développer toutes les tendances fondamentales. « Le régime impérial est la forme la plus prostituée et en même temps la forme ultime de ce pouvoir d'État, que la société bourgeoise naissante a fait naître, comme l'outil de sa propre émancipation du féodalisme, et que la société bourgeoise parvenue à son plein épanouissement avait finalement transformé en un moyen d'asservir le travail au capital[1]. » La Commune est l'antithèse de l'Empire, dit encore Marx. Elle ne s'est pas contentée de revenir à la forme républicaine, elle a tenté de construire une république entièrement nouvelle, « une république qui ne devait pas seulement abolir la forme monarchique de la domination de classe, mais la domination de classe elle-même[2] ». Pour réaliser cet objectif, elle a dû commencer par briser la vieille machine d'État :

– suppression de l'armée permanente, remplacée par le peuple en armes ;

– délégués élus au suffrage universel, responsables et révocables à tout moment ;

---

1. *Adresse du conseil général de l'association internationale des travailleurs sur la guerre civile en France en 1871*, in *Le Conseil général de la Première Internationale, 1870-1871*, Moscou, éditions du Progrès, 1975, p. 332.

2. *Ibid.*

– fonctionnaires publics élus et révocables (particulièrement les fonctionnaires de justice);
– séparation de l'Église et de l'État.

Marx souligne encore que les communards avaient pour tout le pays un projet cohérent: remplacer l'appareil étatique de gouvernement centralisé par l'administration autonome des communes. Cette réflexion sur la Commune n'est pas circonstancielle. Il s'agit d'une inflexion fondamentale dans la pensée de Marx et Engels. Ainsi, dans la *Critique du programme du parti ouvrier allemand* (critique du programme de Gotha), Marx s'en prend violemment à la revendication des partisans de Lassalle d'un «État populaire libre». Les partisans de Lassalle se trompent du tout au tout: «Au lieu de considérer la société existante (et cela vaut pour toute société future) comme le *fondement* de l'État existant (ou futur pour la société future), on traite, au contraire, l'État comme une entité indépendante, qui possède ses *propres fondements intellectuels et moraux, ses propres libertés*[1].» Les divers «États existants» dans les «pays civilisés», dit Marx, ont comme terrain la société bourgeoise moderne. C'est pourquoi il est impossible de mener la lutte pour l'émancipation du prolétariat dans le cadre des États existants. Si la revendication de la démocratie politique garde une certaine importance – et Marx ne manque pas de souligner que c'est là un axe stratégique pour les partis ouvriers –, il reste que ce n'est qu'un objectif transitoire qui doit préparer le renversement de l'État bourgeois et la «dictature révolutionnaire du prolétariat».

Quoi qu'il en soit, si l'État n'existe que comme organe de la classe dominante, il n'a de place que tant que subsiste la division de la société en classes antagonistes. Mais une fois au pouvoir, la classe ouvrière, qui n'est pas une classe

---

1. *Critique du programme de Gotha*, in *Œuvres* I, *op. cit.*, p. 1428.

dominante, œuvre pour la suppression de la division de la société en classes antagoniques et du même coup pour le «dépérissement de l'État». Elle est une classe qui, ayant pris le pouvoir, travaille à s'en débarrasser. La démocratie elle-même en tant qu'elle est une forme de pouvoir doit progressivement disparaître et le gouvernement des hommes fera place à l'administration des choses, selon une formule que Marx reprend à Saint-Simon. À juste titre, on pourrait voir dans ces formules le retour de Marx vers le socialisme utopique.

Marx au-delà du marxisme

Le schéma que nous venons d'esquisser, bien que récurrent dans les écrits de Marx, est cependant très loin de représenter toute la pensée politique de Marx dans son ensemble, même si, le plus souvent, les marxistes s'en sont tenus là.

Tout d'abord, les formes d'États antérieures à la domination du mode de production capitaliste et à l'apparition de l'État moderne ne peuvent être simplement réduites à la domination d'une classe particulière. Ainsi la monarchie absolutiste française bien qu'elle soit, dans le discours et les représentations des acteurs, le couronnement de la domination des ordres majeurs, noblesse et clergé, a été aussi, dans sa phase absolutiste, un instrument au service de la nouvelle classe bourgeoise qui se formait au sein de la vieille société féodale. En brisant la puissance de la noblesse, la monarchie absolutiste a établi les conditions de la domination du capital. Mais même l'État capitaliste moderne ne rentre pas dans le lit de Procuste d'un certain marxisme : il suffit de considérer ce qu'a été et ce qu'est encore largement «l'État-providence» pour s'en rendre compte. La théorie marxiste «standard», celle qui veut que l'État, quelles qu'en soient les formes, est un instrument de domination de la classe dominante, est pour le moins une théorie simpliste. Marx lui-même nous donne peut-être des éléments pour ne pas accepter cette théorie simpliste.

Dire que l'État a pour fonction de défendre les intérêts de la classe dominante, c'est développer une conception fonctionnaliste qui tombe sous le coup des critiques classiques adressées au fonctionnalisme. Contentons-nous pour l'heure de constater qu'affirmer que l'État n'est que l'organisation de la domination et de l'oppression de la classe dominante, c'est produire une définition simplificatrice et anhistorique de l'État. À moins qu'il ne s'agisse d'une définition purement triviale ou tauto-logique : les classes dominantes dominent et donc elles dominent l'État. Que serait en effet une classe dominante qui ne dominerait pas l'État ? Ce ne serait pas une classe dominante du tout !

En effet, que l'État ait à voir avec la classe dominante, c'est l'évidence même, puisque l'État est par définition l'institution dominante d'une société. On définit d'ail-leurs généralement la classe dominante par sa capacité à contrôler l'État et à faire prévaloir sur le plan politique ses intérêts et ses ambitions. Cependant, il n'est pas possible de réduire l'État à un simple instrument de domination d'une partie minoritaire de la société sur la majorité. Aucun État ne peut durer sans que, d'une manière ou d'une autre, il prenne en compte les intérêts de la société tout entière. La théorie contractualiste classique qui fait de l'État le résultat d'un contrat noué entre les individus en vue de leur propre intérêt, si elle est historiquement une fiction, présente néanmoins un noyau rationnel. Dans la mesure où on ne veut pas réduire l'État à la tyrannie pure, il faut admettre que même les classes dominées trouvent un intérêt à l'existence de l'État, sans quoi on comprendrait mal pourquoi ces classes dominées qui sont les plus nombreuses accepteraient sans broncher leur condition.

L'État n'est pas simplement un glaive, il est aussi un bouclier! Les classes dominées préfèrent toujours une domination réglée par le droit (la domination étatique) à la domination brutale et directe des puissants.

L'histoire en pourrait apporter de nombreuses confirmations. Loin de faire de l'État le simple organe de domination des dominants on y verrait comment, au contraire, se cristallisent les rapports de forces entre les classes sociales, les fractions de classes, mais aussi les particularités nationales. Les rapports entre l'État et les paysans en France, depuis la Révolution française, sans doute, ont quelque chose d'intrigant pour la théorie marxiste classique, bien que Marx lui-même ait consacré à cette question une place tout à fait particulière. Voilà une classe, la classe paysanne, qui est à peine une classe (Marx compare les paysans avec les pommes de terre dans un sac de pommes de terre) et qui pourtant forme la base sociale du bonapartisme, ainsi que l'explique *Le 18 Brumaire* : « Bonaparte représente une classe, voire la classe la plus nombreuse de la société française, les *paysans à parcelles*. De même que les Bourbon sont la dynastie de la grande propriété foncière, les Orléans la dynastie de l'argent, de même les Bonaparte sont la dynastie des paysans, c'est-à-dire de la masse du peuple français. L'élu des paysans, ce n'était pas le Bonaparte qui se soumit au Parlement bourgeois, mais le Bonaparte qui dispersa le Parlement bourgeois[1]. »

Les propriétaires fonciers sont bien une partie de la classe dominante, tout comme les capitalistes financiers. Mais que Marx mette sur le même plan, dans le même mouvement, le « paysan à parcelles », cela devrait suffire pour montrer que Marx n'applique pas les préceptes du marxisme quand il s'agit de procéder à l'analyse concrète

---

1. *Le 18 Brumaire de Louis Bonaparte*, in *Œuvres* IV, *op. cit.*, p. 532.

d'une situation concrète. Nous avons donc une classe qui n'est pas une classe dominante qui propulse son représentant au pouvoir, lequel disperse la représentation politique de la classe dominante, «le Parlement bourgeois». Voici comment Marx raconte la prise du pouvoir par Louis Bonaparte : Louis Bonaparte sauve la domination bourgeoise contre la bourgeoisie elle-même, au moment même où celle-ci, toujours selon Marx lui-même, n'était pourtant plus menacée par les ouvriers : «La société est sauvée aussi souvent que le cercle de ses maîtres se rétrécit et qu'un intérêt plus exclusif est défendu contre un intérêt plus large. Toute revendication de la plus simple réforme financière bourgeoise, du libéralisme le plus vulgaire, du républicanisme le plus formel, de la démocratie la plus plate, est à la fois punie comme "attentat contre la société" et flétrie comme "socialiste". Et finalement, les grands prêtres de "la religion et de l'ordre" sont eux-mêmes chassés à coups de pied de leurs trépieds pythiques, tirés de leur lit en pleine nuit, fourrés dans des voitures cellulaires, jetés au cachot ou envoyés en exil. Leur temple est rasé, leur bouche scellée, leur plume brisée, leur loi déchirée au nom de la religion, de la propriété, de la famille et de l'ordre. Des bourgeois fanatiques de l'ordre sont fusillés à leur balcon par une soldatesque ivre, la sainteté de leur foyer est profanée, leurs maisons sont bombardées en guise de passe-temps, tout cela au nom de la propriété, de la famille, de la religion et de l'ordre. La lie de la société bourgeoise constitue finalement la *phalange sacrée de l'ordre*, et le héros Crapulinsky fait son entrée aux Tuileries comme *"sauveur de la société"*[1].»

Certes, *in fine*, Louis Bonaparte au pouvoir défend l'ordre capitaliste, mais la théorie standard ne peut rien nous dire de plus et en tout cas rien de cette fort curieuse façon de sauver les classes dominantes contre elles-mêmes.

1. *Ibid.*, p. 447.

Tous ces exemples n'invalident pas la thèse que les classes dominantes continuent de dominer, finalement, même quand l'État leur échappe partiellement. Mais ils montrent en premier lieu l'autonomie relative du politique et font de l'État non pas une communauté illusoire, mais le lieu d'affrontements sans merci.

Non seulement l'État n'est jamais exclusivement l'État des classes dominantes, mais encore celles-ci forment rarement un tout homogène : il y a plusieurs classes dominantes, sans doute hiérarchisées mais ayant leurs propres intérêts et, entre toutes ces diverses strates de la société, l'État gagne toujours une certaine autonomie. Par exemple, il est parfaitement erroné d'affirmer que la monarchie en France fut l'organe de domination de la noblesse. Elle fut effectivement en partie la représentation de la noblesse – du moins c'est ainsi qu'elle s'est constituée par le choix du maire du palais Hugues Capet comme le *primus inter pares*. Mais l'histoire de la monarchie est aussi l'histoire de la liquidation impitoyable de la noblesse : il n'est pas nécessaire d'être un inconditionnel de Tocqueville pour admettre que la Révolution n'a fait que parachever un processus déjà largement accompli : Marx fait le même constat. La monarchie, à certains égards, fut le bras armé de cette partie bourgeoise du tiers état qui étendait son influence et sa domination dans toutes les sphères de la société au détriment des anciennes classes dominantes.

Même si on s'en tient à l'État bourgeois, c'est-à-dire à l'État moderne, les formes de cet État sont extrêmement variées, depuis la dictature brutale du capital, appuyée sur quelques bandes armées, jusqu'à un État qui fait une large part aux revendications sociales, à l'organisation de l'économie et à la structuration d'éléments de socialisme au sein même d'une société largement dominée par le mode de production capitaliste. Que les gouvernements soient plus souvent qu'à leur tour les serviteurs des puissants, cela ne permet pas de caractériser la nature de l'État. Les puissants contrôlent plus facilement l'État parce qu'ils sont puissants, tout simplement.

En fait, et sans qu'on trouve sur ce point de texte théorique clair et bien ordonné, Marx accorde aux formes de la lutte politique et à la structure de l'État la plus grande importance et leur reconnaît une véritable autonomie. Pour comprendre cela, il est nécessaire de dire quelques mots d'une question philosophique fondamentale, celle de la liberté. «Les hommes font leur propre histoire», dit Marx (voir *supra*). Si cette proposition a un sens, elle signifie que les individus quand ils agissent sont, certes, conditionnés par les circonstances extérieures, celles qu'ils trouvent toutes prêtes, et que, par conséquent, ils ne peuvent pas faire ce qu'ils veulent. Cependant, ce sont les individus qui font leur propre histoire : à l'intérieur d'un champ de possibles ouvert par ces circonstances «données», ils créent de l'absolument nouveau. On a cependant de la difficulté à percevoir cette libre création parce que les hommes pensent leurs actions, la plupart du temps, dans les mots et les cadres théoriques du passé. «La tradition de toutes les générations mortes pèse comme un cauchemar sur le cerveau des vivants[1].» C'est pour cette raison que les processus historiques apparaissent toujours beaucoup plus déterministes qu'ils ne le sont en réalité.

Il faut donc admettre une certaine autonomie du politique, ce qui ne veut évidemment pas dire liberté absolue – cette expression est d'ailleurs à peu près dénuée de sens. Les conditions de la vie doivent être produites et elles ne peuvent l'être arbitrairement, mais seulement en fonction des moyens existants et des rapports sociaux qui peuvent se modifier, mais seulement lentement. Les individus ne sont pas des marionnettes mues par des

1. *Ibid.*, p. 437.

forces sociales anonymes, ce sont eux qui font réellement l'histoire et donnent forme et consistance à ces fameuses forces sociales. Nous retombons à nouveau sur ces idées soulevées dès le début de ce travail : la réalité sociale n'est pas le jeu abstrait des structures, mais la combinaison infinie des actions des individus vivants et c'est précisément de cette manière qu'on peut à la fois penser le conditionnement historique et l'autonomie du politique.

La dictature du prolétariat et le communisme

Si la théorie de l'État en général et de l'État capitaliste en particulier est si incertaine dans les textes de Marx, la raison en est peut-être assez simple. Au fond, au-delà des analyses concrètes particulières souvent lumineuses, Marx n'a pas besoin d'une théorie générale de l'État puisqu'il est tout entier tendu vers l'avenir, un avenir qu'il pense sous l'angle de la disparition de l'État, de son dépérissement progressif. Entre la réalité présente et l'avenir communiste devrait s'instaurer la phase de la dictature du prolétariat. Mais il s'agit là d'une bien mystérieuse formule. Quittant l'analyse de la réalité existante, nous avons maintenant deux perspectives historiques du développement de la société moderne :

1. L'expropriation des expropriateurs et l'organisation de l'économie par les producteurs associés : c'est la perspective du *Capital*.

2. La transformation révolutionnaire de la société de classes en société communiste sans classes et sans État, en passant par une phase intermédiaire d'un État qui n'est plus que la « dictature révolutionnaire du prolétariat ».

Dans la tradition marxiste, les deux perspectives sont étroitement liées : si l'État est l'instrument de la domination d'une classe, avec la disparition des classes sociales, résorbées dans l'ensemble des producteurs, la nécessité de l'État disparaît. Cependant, du point de vue logique, il n'y a aucun lien nécessaire entre l'affirmation (1) et l'affirmation (2). On pourrait très bien imaginer que le passage de la direction du processus de production entre les mains des «producteurs associés» se fasse par des voies purement économiques et soit accompagné d'une transformation graduelle de l'État. L'accord avec les analyses et les thèses défendues dans *Le Capital*, y compris les conclusions révolutionnaires, n'implique donc nullement un accord avec les perspectives politiques définies par Marx dans ces quelques textes cités plus souvent qu'à leur tour par les marxistes.

Étudions maintenant les deux phases de cette perspective historique.

La dictature du prolétariat est une expression aujourd'hui définitivement désuète que même la plupart des marxistes ont abandonnée. Il est vrai que le mot dictature fait peur puisqu'on le confond volontiers avec tyrannie ou despotisme, alors que cela désignait originellement une institution de la république romaine dont on trouve des traces dans la Constitution française actuelle[1]... En fait, il n'est pas simple de savoir ce que Marx entend par «dictature du prolétariat». Car, si l'expression est bien maintenue dans toute l'œuvre, elle change manifestement de sens entre les années 1848-1852 et les dernières années de la vie de Marx.

Dans la période 1848-1852, la dictature du prolétariat est un élément d'une stratégie révolutionnaire, celle que Marx résume d'une formule, «révolution en permanence[2]». À cette époque, Marx et Engels croient que la

1. L'article 16 qui donne les pleins pouvoirs au président de la République dans certaines circonstances institue bien un régime temporaire d'exception où tous les pouvoirs sont concentrés dans un seul homme. C'est bien une dictature au sens romain.
2. Voir l'*Adresse du Comité central de la Ligue des communistes* (mars 1850), in *Œuvres* IV, *op. cit.*, p. 547 *sq.*

lutte décisive est engagée. Celle-ci combine les révolutions démocratiques et nationales pour abattre ce qui reste du vieil ordre européen et l'affirmation croissante de l'hégémonie du prolétariat : dans des pays comme l'Allemagne, il est impossible d'espérer la stabilisation d'une démocratie bourgeoise au sein de laquelle le mouvement ouvrier pourrait se développer et s'organiser. La révolution démocratique sera, au contraire, le prélude immédiat de la révolution sociale comme l'ont finalement montré les événements français de février à juin 1848. Ces révolutions seront nécessairement des révolutions violentes posant l'alternative entre dictature de la bourgeoisie et dictature du prolétariat, et seule l'énergie manifestée par le parti prolétarien pourra empêcher la régression. Le modèle dominant est le modèle de la dictature jacobine de 1793-1795, et la dictature du prolétariat constitue moins une forme étatique précise qu'une stratégie sur le modèle de celle de Robespierre.

Or, après 1852, Marx doit constater que l'ère des révolutions est provisoirement close et c'est une autre perspective qui l'occupe : celle de la transformation sociale lente qui s'opère dans les « soutes » de la société bourgeoise. C'est pourquoi le projet qui l'accapare est celui de la critique de l'économie politique. La question de la dictature du prolétariat revient à l'ordre du jour seulement quand la question politique est à nouveau pensée dans toute sa force. Mais il s'agit d'une perspective complètement différente. Marx pense alors sous le terme « dictature du prolétariat » un régime social et politique relativement durable qui a pour mission d'organiser la transition entre la société capitaliste et la société communiste. La Commune de Paris donne le modèle de ce régime. Les principales mesures essentielles aux yeux de Marx, qui déterminent la nature de cette nouvelle forme étatique, ont été rappelées plus haut. Il faut cependant remarquer que l'expression même « dictature du prolétariat » ne figure pas dans le texte de

La Guerre civile en France. C'est Engels, un peu plus tard, qui dira : « Le philistin allemand a été récemment saisi d'une terreur salutaire en entendant prononcer le mot de *dictature du prolétariat*. Eh bien, messieurs, voulez-vous savoir de quoi cette dictature a l'air ? Regardez la Commune de Paris. C'était la dictature du prolétariat[1]. »

Marx se contente de la qualifier de « république sociale » : « Le cri de "république sociale" auquel la révolution de février avait été proclamée par le prolétariat de Paris n'exprimait guère qu'une vague aspiration à une République qui ne devait pas seulement abolir la forme monarchique de la domination de classe, mais la domination de classe elle-même. La Commune fut la forme positive de cette République[2]. »

Cette « république sociale » est une république jusqu'au bout, une république radicale, qui se fixe comme objectif l'abolition de toute domination. La formule de la dictature du prolétariat a passablement perdu de son sens. Il ne s'agirait plus, comme dans les années 1848-1852, d'une stratégie révolutionnaire liée au caractère nécessairement violent du processus de transformation sociale. Pourquoi donc parler encore de « dictature du prolétariat » alors qu'il s'agit encore d'un État, d'un État démocratique – genre « Commune de Paris » ? De fait, Marx en parle de moins en moins. Il en parle dans la *Critique du programme de Gotha* parce qu'il s'agit d'un texte à destination des militants allemands et que l'Allemagne impériale est en cause : dans ce genre de régime, Marx pense que la révolution gardera un caractère violent et que la résistance des anciennes classes dirigeantes devra y être brisée par la force et c'est pourquoi s'imposera encore la formule de la « dictature révolutionnaire du prolétariat ». En revanche, dans les

---

1. F. Engels, Introduction à *La Guerre civile en France*, Éditions sociales, 1952, p. 18.
2. *La Guerre civile en France*, *op. cit.*, p. 332.

pays démocratiques, comme les États-Unis, l'Angleterre, les Pays-Bas et même la France, dans les années 1875 jusqu'à la fin de sa vie, Marx envisage de plus en plus sérieusement l'hypothèse d'un renforcement progressif des organisations ouvrières permettant une transformation sociale pacifique. Dans ce contexte, la dictature du prolétariat n'apparaît plus comme une perspective stratégique. Elle tend à être remplacée par la revendication d'une république démocratique. Ce qui n'est qu'esquissé chez Marx sera développé par Engels[1]. Quoi qu'il en soit, cette dictature du prolétariat reste très floue, sans aucun développement théorique, et même ne joue qu'un rôle marginal dans les écrits de la maturité, c'est-à-dire pendant et après la publication du *Capital*.

Comment comprendre cela ? Si on s'en tient à la formule des « producteurs associés », les individus peuvent n'être plus asservis à la division du travail en la maîtrisant, c'est-à-dire en participant à la direction du processus de production. De cette manière d'ailleurs, dans la mesure où le travailleur manuel a son mot à dire dans l'organisation de la production coopérative, la séparation entre le travail intellectuel et le travail corporel s'estompe. Enfin, avec le temps libéré par l'augmentation de la productivité du travail, les individus peuvent espérer faire autre chose que travailler, être libérés de ce « premier des besoins » pour avoir du loisir, du temps libre pour s'occuper de ce qui est le plus important pour les hommes. Mais de telles perspectives, qui ne sont pas complètement irréalistes,

1. Sur ces questions, nous nous contentons de renvoyer à l'excellent travail de Jacques Texier, *Révolution et démocratie chez Marx et Engels* (PUF, 1998). Le grand mérite de Texier est de ne pas chercher à reconstruire des cohérences imaginaires et d'aider à voir clair dans une question surchargée d'affrontements idéologiques et politiques – disons entre ceux qui ont voulu conserver ou restaurer l'imaginaire d'un Marx révolutionnaire intransigeant et ceux qui préféraient présenter un paisible démocrate.

supposent qu'il y a encore des ressources à répartir, des décisions collectives à prendre, une discipline à respecter, etc., c'est-à-dire qu'on est encore dans le gouvernement des hommes.

Au total donc, la pensée politique de Marx souffre d'incontestables faiblesses et contradictions, du moins si on en attend une théorie achevée de l'État. La perspective du dépérissement de l'État est incontestablement la plus problématique. Elle a pour présupposition une société dans laquelle règne l'abondance – la redistribution des ressources rares n'étant plus nécessaire – et dans laquelle les humains sont devenus si sages qu'ils n'ont plus besoin de gouvernement pour se protéger – le cas échéant – les uns des autres. On est en droit de penser qu'il s'agit là d'une perspective proprement utopique, du moins à un horizon prévisible. En revanche, l'analyse de l'État comme instrument de domination et la possibilité d'une organisation politique qui vise précisément à défaire la domination reste pleinement actuelle. On pourrait s'intéresser à la compatibilité entre les analyses de Marx et les conceptions républicanistes[1]. Si, en effet, on définit le républicanisme comme une théorie politique qui fait de la non-domination l'essence de la liberté politique, alors la non-domination ne peut être simplement limitée à la sphère proprement politique, mais elle inclut tous les aspects de la vie sociale : les relations entre vendeurs et acheteurs en situation de pénurie, les relations entre les hommes et les femmes, mais aussi les relations entre capitalistes et salariés, tant est-il que le contrat salarial est bien un contrat de soumission, reconnu comme tel dans le droit français, d'ailleurs. Le républicanisme pourrait ainsi constituer une théorie politique adéquate à la philosophie sociale de Marx.

1. Voir mes propres travaux sur cette question, notamment Denis Collin, *Revive la République*, Armand Colin, 2005.

9

L'héritage marxiste

> « *Le marxisme est l'ensemble des contresens faits sur Marx.* »
>
> Michel Henry, *Karl Marx*.

L'héritage de Marx, celui qui nous empêche encore de voir celui qui fut l'un des plus grands penseurs de l'histoire de l'humanité, comme le disait Michel Henry, c'est le marxisme dont on peut retracer à grands traits la formation dès les années qui suivent la mort de Marx (1883) dans la social-démocratie allemande d'abord, puis dans les autres partis de l'Internationale ouvrière. Transformée en idéologie (le prétendu « matérialisme dialectique »), la pensée de Marx a été travestie, dénaturée, rendue méconnaissable. Le marxisme est « l'ensemble des contresens faits sur Marx », disait Michel Henry, « une religion à destination des classes subalternes », selon les mots de Costanzo Preve[1]. En ce sens, il est nécessaire de

1. Voir *Histoire critique du marxisme*, Armand Colin, 2013.

tracer les grandes lignes d'une analyse «marxienne» du destin du marxisme et du «communisme historique du XXᵉ siècle». Cela suppose que l'on comprenne comment le mouvement ouvrier organisé (syndicats et partis) a joué son rôle dans l'intégration de la classe ouvrière à la société bourgeoise. Il serait également nécessaire de tirer le bilan des illusions révolutionnaires qui confondaient la perspective à long terme et la possibilité immédiate de renverser le mode de production capitaliste par «une guerre de mouvement». C'est Gramsci qui, le premier, a mis le doigt sur les impasses stratégiques du marxisme, impasses qui ont finalement conduit à son déclin irrémédiable.

Le marxisme orthodoxe

Si l'œuvre de Marx est de part en part marquée par l'incomplétude, le marxisme comme construction globale, comme conception du monde (*Weltanschauung*), est de fait postérieur à Marx, bien que les premiers éléments comme l'*Anti-Dühring* d'Engels aient été publiés de son vivant. À ce marxisme reconstruit avec l'autorité de l'ami et proche collaborateur de Marx, Karl Kautsky (1854-1938) donnera son nom: «marxisme orthodoxe». C'est une tentative de construction d'une philosophie systématique, matérialiste au sens du matérialisme philosophique traditionnel, mais auquel on adjoint une «dialectique» qui se réduit à concevoir toute réalité comme essentiellement en mouvement. On citera, outre Kautsky et Franz Mehring (1846-1919) pour les Allemands et le Russe Plekhanov (1856-1918), des auteurs français mineurs puisque le principal dirigeant socialiste, Jean Jaurès, n'était pas marxiste. On y rattachera des auteurs postérieurs comme le philosophe Georges Politzer (1903-1942). Tous s'inscrivent dans la perspective des derniers travaux d'Engels qui, depuis l'*Anti-Dühring*, s'efforcent de présenter la philosophie systématique qui manquerait au travail de Marx. Tous ces auteurs, avec l'aide et sous le haut patronage d'Engels, mirent au point le corps de doctrine qui devait cimenter « idéologiquement » le mouvement, le « marxisme orthodoxe ». Cette doctrine repose sur trois piliers :

1. Une philosophie, le « matérialisme dialectique », une invention d'Engels qui vise à transformer la critique marxienne de la philosophie idéaliste en un nouveau système philosophique faisant la synthèse du matérialisme prêté aux scientifiques et de la dialectique hégélienne.

2. Une conception « scientifique » de l'histoire, le « matérialisme historique », résumée le plus souvent par la suite des cinq stades qu'est censée parcourir l'histoire universelle : communisme primitif, esclavagisme antique, féodalisme, capitalisme et communisme. Cette conception garantit aux croyants qu'ils sont dans le train vers le communisme.

3. Une stratégie politique : la conquête du pouvoir d'État par la classe ouvrière organisée en parti. Les divergences tactiques ne mettent pas en question ce postulat, au moins jusqu'à la Seconde Guerre mondiale et la guerre froide, et c'est ce qui explique la rhétorique alambiquée d'un Léon Blum distinguant l'occupation du pouvoir et l'exercice du pouvoir.

Mais ce discours cohérent, prononcé au nom de l'auteur qui avait mis à nu les mécanismes de l'idéologie, était un discours entièrement idéologique, c'est-à-dire qu'il fonctionnait comme une représentation inversée de la réalité. La réalité de la social-démocratie internationale est qu'elle ne fut jamais l'organisation du prolétariat en vue de l'abolition du salariat et du patronat, mais bien au contraire l'organisation de l'intégration de la classe des salariés au fonctionnement du mode de production capitaliste. Loin de stimuler l'auto-organisation, l'activité autonome des ouvriers, elle fut peut-être d'abord un instrument d'encadrement de la protestation ouvrière et cela dès l'origine, même si les initiateurs de l'entreprise n'en étaient pas conscients et prononçaient lors des banquets et des meetings des discours révolutionnaires ronflants. Organisation ouvrière, la social-démocratie liait son destin au maintien d'une classe ouvrière forte et disciplinée, et donc, qu'on le veuille ou non, au maintien et au développement du mode de production capitaliste.

Nous avons proposé ailleurs[1] une analyse et une explication de l'évolution de la social-démocratie et des raisons pour lesquelles elle a trahi les espoirs qui avaient été placés en elle. Quoi qu'il en soit, c'est avec la social-démocratie que le marxisme a été formalisé comme corps de doctrine et comme grand récit. Évidée de ce qui donne son intérêt proprement philosophique, la pensée de Marx transformée en dogme fonctionne alors comme l'idéologie adéquate à ce mouvement ouvrier en train de se construire et de s'intégrer aux sociétés capitalistes riches. À cette classe ouvrière souvent considérée comme une classe de parias, il offre une dignité toute particulière. C'est en effet la classe ouvrière qui a, dans le schéma marxiste de l'histoire, le rôle messianique. La révolution prolétarienne mettra fin à l'exploitation de l'homme par l'homme et elle instituera une société vraiment libre et heureuse. «*Bred and roses*», voilà ce que demandent les ouvriers. Du même coup, alors que la perte de l'indépendance qui frappait le petit artisan devenu ouvrier était vécue comme un abaissement, la condition salariale peut maintenant se présenter avec la noblesse de ceux qui incarnent l'avenir de l'humanité. Exactement comme la promesse du paradis pouvait faire accepter au croyant misérable la vie dans cette vallée de larmes qu'est notre monde. À cette différence que le croyant attend le salut

1. Denis Collin, *Le Cauchemar de Marx*, Max Milo, 2009.

du Christ rédempteur alors que l'ouvrier l'attend de la «classe ouvrière», c'est-à-dire de son organisation politique. Cette idéologie confère également à ceux qui possèdent le savoir des fins ultimes de la lutte des classes une place toute particulière: le parti fonctionne sur le mode clérical. On peut poursuivre très loin ces comparaisons qui donnent raison à Costanzo Preve quand il affirme que le marxisme est une religion à destination des classes subalternes.

Tout ce qui apparaît déjà clairement dans les partis de la vieille Internationale ouvrière sera porté au paroxysme par l'Union soviétique et l'instauration du régime du «socialisme réel». Significative est la décision prise par la direction du Parti d'embaumer la dépouille mortelle de Lénine. D'un côté, l'embaumement fait signe vers le passé: on embaumait les pharaons ou les monarques dont le corps ne pouvait disparaître et qui devenaient ainsi autant de fétiches destinés à l'adoration des foules – et le mausolée de Lénine à Moscou deviendra bien un lieu de culte. D'un autre côté, l'embaumement est tourné vers l'avenir. La mort de Lénine est annoncée par les dirigeants en affirmant «Lénine vit, Lénine vivra»! Ce n'est pas seulement une image dans le genre «Lénine vivra dans le cœur des travailleurs». C'est une affirmation qu'il faut prendre au pied de la lettre: grâce aux progrès gigantesques que l'humanité va faire avec la révolution communiste, il sera possible de ramener les morts au royaume des vivants. On annonce sinon la résurrection des corps en général comme dans le christianisme, au moins, pour commencer, la résurrection du corps de Lénine…

Ce qu'il est important de souligner ici, c'est la continuité profonde entre le marxisme de la IIe Internationale et celui de la IIIe Internationale, celui des partis socialistes «à l'ancienne» et celui des partis communistes. Les divergences sont plus liées aux adaptations nationales qu'à une réflexion doctrinale sérieuse. Avec le sens de la formule qui lui est si particulier, Costanzo Preve fait ainsi remarquer que «le togliattisme [du nom du secrétaire général du PCI, Togliatti] après 1945 est une forme de "kautskysme catholique"[1]»! Dans *L'Utopie collectiviste. Le Grand récit socialiste sous la Deuxième Internationale*[2], Marc Angenot s'est intéressé aux brochures et livrets de propagande utilisés par les partis socialistes pour gagner des adhérents aux perspectives du socialisme du futur. Étude riche qui montre sans ambiguïté qu'en réalité Staline n'avait fait que mettre en musique (si l'on ose dire) les thèses de ces ouvrages! Avec toutes les conséquences fâcheuses qu'il en a tirées. Costanzo Preve estime que les vues perçantes d'Angenot permettent de comprendre la défaite non seulement politique et organisationnelle, mais aussi intellectuelle de la IIe Internationale en 1914. Il ajoute avoir compris grâce à Angenot «les racines historiques sur la longue durée de la haine animale envers le fardeau "inutile" de la culture humaniste, du lycée classique, du latin, du grec, de la philosophie, etc.». Il suffit d'avoir fait l'expérience des manuels de «philosophie marxiste» ou des brochures de vulgarisation pour comprendre pourquoi Marx (reprenant Heine) avait de bonnes raisons de dire «J'ai semé des dragons et j'ai récolté des puces».

Engels: double ou traître?

Il serait pourtant injuste de ne pas tenir compte de tous les auteurs que l'on classe parmi les «marxistes» et qui se sont mis à l'école de Marx et, sans prétendre dire quel est le «vrai Marx», ont donné des développements intéressants, parfois même très importants, à certaines intuitions de Marx ou, au contraire, en ouvrant

1. Voir C. Preve, *Histoire critique du marxisme, op. cit.*
2. PUF, 1993.

de nouvelles pistes assez différentes de ce que le « père fondateur » avait pu penser.

Il est temps de dire ici un mot d'Engels, l'ami fidèle de Marx, celui qui l'a aidé dans les moments difficiles et qui ne voulut jamais être que le premier violon quand Marx était le chef d'orchestre. Engels porte une responsabilité certaine dans la fossilisation de la pensée de Marx en un « marxisme » qui prétendrait bientôt au statut de science globale intégrant toutes les autres sciences et légiférant dans tous les domaines de l'intelligence. Mais ce ne fut pourtant jamais son projet. Certains auteurs pensent même que le marxisme ne commence vraiment qu'à la mort d'Engels en 1895. Le statut de l'ami de Marx est très ambigu. D'un côté, la tradition du marxisme orthodoxe, renforcée par le stalinisme, en fait purement et simplement un double de Marx. Nous n'avons plus affaire à des individus concrets vivants, mais à cette improbable chimère nommée Marx-Engels. D'un autre côté, les critiques du marxisme orthodoxe, de Lukács à Colletti en passant par Sartre et Rubel, ont tendance à faire porter sur Engels tous les péchés du marxisme. La transformation de la pensée de Marx en un dogme figé, la mécompréhension de la dialectique, une certaine propension au fatalisme (et donc au réformisme), tels seraient les défauts essentiels d'Engels, père putatif d'un marxisme qui trahit Marx.

Ces deux attitudes sont évidemment aussi mauvaises l'une que l'autre. Toujours modeste, Engels n'a cessé de répéter qu'il n'avait eu qu'un rôle secondaire dans l'élaboration de la pensée de Marx. C'est à la fois vrai et faux. Engels a une pensée qui lui est propre et des centres d'intérêt qui ne sont pas toujours ceux de Marx. Sa culture encyclopédique lui a permis d'aborder des domaines que Marx n'a jamais abordés ou seulement de manière incidente – par exemple, les questions militaires ou l'histoire des langues – et son expérience pratique du fonctionnement du mode de production capitaliste a été précieuse en quelques points délicats du travail de Marx. On ne peut réduire le travail d'Engels à l'appui «logistique» apporté à la famille Marx dans le besoin, ni à la vulgarisation de la pensée de son ami. Une étude globale de la pensée et de l'action d'Engels serait nécessaire comme il serait nécessaire de faire le portrait de cet homme très attachant. Nous nous en tiendrons à l'apport proprement philosophique d'Engels et des relations entre la théorie de Marx et les derniers ouvrages d'Engels qui ont servi pendant longtemps de base à l'exposé du «matérialisme dialectique.»

C'est peut-être la question de la dialectique de la nature qui constitue le fond de l'affaire. On pourrait résumer ainsi l'alternative dans laquelle le débat a été posé par les marxistes: la dialectique – dont Marx dit qu'elle est sa méthode – est-elle quelque chose qui ne concerne que l'activité humaine, voire uniquement un procédé d'exposition des résultats de la pensée, ou bien, au contraire, est-elle le mouvement même de la nature qui ne ferait que se refléter dans le cerveau humain?

Ce débat, qui peut sembler très spéculatif, recouvre des enjeux théoriques et politiques qui sont loin d'être négligeables. Les partisans de la «dialectique de la nature» sont en effet accusés de faire la part trop belle au «processus objectif» et finalement de ne considérer la conscience et la volonté des individus que comme des effets de surface d'un mouvement naturel et, par là même, de céder au déterminisme et à l'objectivisme. Inversement, ceux qui réduisent la dialectique à la relation sujet-objet, au rapport entre la conscience subjective et le monde objectif, sont accusés de sombrer dans le subjectivisme et le «gauchisme théorique.»

L'exposé par Engels du matérialisme dialectique part de Hegel dont le «plus grand mérite fut de revenir à la dialectique comme à la forme suprême de la pensée[1]». Quelle est

---

1. F. Engels, *Anti-Dühring*, Éditions sociales, 1977, p. 50.

donc cette dialectique à laquelle Hegel revient et qui fut
le lot commun des philosophes grecs, «tous dialecticiens
par naissance», et qu'on retrouve à l'époque moderne chez
Descartes et Spinoza? La première définition que nous
en donne Engels est une définition négative: «la dialectique s'oppose à la "philosophie" qui s'est "embourbée",
surtout sous l'influence anglaise, dans le mode de pensée
dit métaphysique qui domine aussi presque sans exception
les Français du xviiie siècle, du moins dans leurs œuvres
spécialement philosophiques[1]». Cette méthode, ce mode
de pensée «métaphysique», vient des sciences de la nature
qui nécessitent «la décomposition de la nature en ses
parties singulières, la séparation des divers processus et
objets naturels en classes déterminées[2]...». Or, dit encore
Engels, «cette méthode nous a également légué l'habitude
d'appréhender les objets et les processus naturels dans leur
isolement, en dehors de la grande connexion d'ensemble,
par conséquent non dans leur mouvement mais dans leur
repos; comme des éléments non essentiellement variables,
mais fixes; non dans leur vie, mais dans leur mort[3]». Ce
mode de pensée est ce que Hegel appelle «l'ancienne
métaphysique», celle qui eut cours avant la philosophie
kantienne et qui se caractérise par «la considération des
objets de la raison du seul point de vue de l'entendement».
Avec cette ancienne métaphysique, on trouve l'empirisme,
dit encore Hegel. Or les adversaires désignés d'Engels sont
justement les empiristes. Il y a ici un véritable renversement
au sein du «marxisme»: en 1845, Engels cosignait avec
Marx *La Sainte Famille*, ouvrage dans lequel les empiristes
anglais étaient considérés comme les véritables ancêtres du
matérialisme (et en particulier des matérialistes français),
et comme ceux qui les premiers avaient mis en cause la

1. *Ibid.*
2. *Ibid.*, p. 51.
3. *Ibid.*

métaphysique. À l'époque de *La Sainte Famille*, Marx et Engels s'appuient sur les empiristes, les matérialistes et les sciences contre la philosophie spéculative et contre Hegel. La construction du « matérialisme dialectique » consiste au contraire à s'appuyer sur Hegel contre les empiristes. Vers 1845, l'esprit « chimérique » est la philosophie spéculative ; en 1878, dans un des manuscrits qui seront publiés sous le titre de *Dialectique de la nature*, Engels renverse cette « ancienne conscience philosophique » : « Il y aura donc peu de chances que nous nous trompions, si nous cherchons le comble de l'esprit chimérique, de la crédulité et de la superstition, non pas dans ce courant des sciences naturelles qui, comme la philosophie de la nature en Allemagne, a cherché à contraindre le monde objectif à entrer dans le cadre de la pensée subjective, mais bien plutôt dans la direction opposée, dans cette direction qui, se targuant d'utiliser uniquement l'expérience, traite la pensée avec un souverain mépris et, en fait, est allée le plus loin dans la pauvreté de la pensée. Cette école est prédominante en Angleterre[1]. »

Le renversement des références théoriques exprime un renversement de la problématique elle-même. Et de fait, Engels abandonne les points de départ empiriques revendiqués dans *L'Idéologie allemande*. Ainsi la *Dialectique de la nature* commence-t-elle par un exposé de la dialectique – qu'il faut exposer en tant que « science des connexions, en opposition à la métaphysique » – et de ses « lois », qu'il réduit au nombre de trois : loi du passage de la quantité en qualité et inversement, loi de l'interpénétration des contraires, loi de la négation de la négation. Engels réduit la logique de Hegel à des lois simples qui doivent remplacer ou compléter les lois de la logique formelle classique, mais ce sont également des lois formelles puisque, par

---

1. F. Engels, *Dialectique de la nature*, Éditions sociales, 1963, p. 57.

sa volonté affirmée de matérialisme, Engels est obligé au début de l'exposé de les priver du contenu systématique idéal qu'elles ont chez Hegel. «Toutes trois, dit Engels, sont développées à sa manière idéaliste par Hegel comme de pures lois de la pensée [...]. La faute consiste en ce que ces lois sont imposées d'en haut à la nature et à l'histoire comme des lois de la pensée au lieu d'en être déduites[1].»

Pourtant, ce n'est pas ainsi que les choses se passent chez Hegel. Il faudrait ici expliquer les détails d'une pensée fort ardue (voir § 211 de *L'Encyclopédie des sciences philosophiques*...). En fait, en voulant couper Hegel de son fondement idéaliste, Engels en fait perdre toute la substance. Que reste-t-il donc des lois de la dialectique? Peu de chose sinon une idée vague de mouvement, de connexions entre toutes les choses, d'interpénétration des contraires, qu'il appelle dialectique de la nature; bref, réduit à ces quelques «lois», le matérialisme dialectique est bien proche de la nuit théorique où toutes les vaches sont noires. Marx a beaucoup mieux compris la logique hégélienne; dans la première section du *Capital*, il a présenté son analyse de la marchandise à partir de cette logique hégélienne qui saisit la différence dans l'identité et l'identité dans la différence. Mais il n'en a jamais fait un principe de la chose, seulement une méthode – on pourrait presque dire «procédé» – par laquelle la science peut exposer le mouvement réel, le reproduire par la voie de la pensée, et il se garde bien d'identifier les antagonismes réels dans les relations entre individus et les contradictions logiques que met en évidence la critique de l'économie politique.

La situation intellectuelle de la fin des années 1870, bien différente de celle des années 1840, explique en partie cette involution de la pensée d'Engels. «L'ennemi principal» n'est plus la philosophie spéculative, mais un positivisme qui s'oppose au marxisme, y compris au

1. *Ibid.*, p. 69.

sein du mouvement socialiste. Néanmoins, quelles que soient les raisons «tactiques» de ce renversement, les deux positions, celle de Marx et Engels dans les années 1845 et dans toute l'œuvre théorique de Marx d'une part et celle d'Engels dans les textes des années 1870-1880 d'autre part, sont difficilement conciliables. Il faut bien admettre que les présuppositions philosophiques qui conduisent au «matérialisme historique», tel qu'il est exposé dans *La Sainte Famille* et dans *L'Idéologie allemande*, et les présuppositions philosophiques du «matérialisme dialectique» telles qu'elles sont développées par Engels – avec l'accord explicite de Marx! – sont rigoureusement contradictoires et, par conséquent, que la doctrine marxiste unissant «matérialisme historique» et «matérialisme dialectique», quels que soient les liens dialectiques qu'on ait pu placer entre les deux, n'est qu'un bric-à-brac de positions contradictoires et nullement le développement d'une problématique théorique cohérente. C'est bien pourquoi le marxisme est philosophiquement introuvable.

La responsabilité de cette situation ne pèse cependant que partiellement sur Engels. Son projet n'a jamais été achevé, puisque la *Dialectique de la nature* n'est pas un ouvrage, mais une collection de manuscrits et de notes publiés bien après la mort d'Engels et à un moment où la transformation du marxisme en dogme était déjà bien avancée. Ce projet dans ses intentions était pourtant loin d'être absurde: des auteurs contemporains comme Prigogine et Stengers affirment la nécessité d'historiser la physico-chimie et ils ajoutent: «Peut-être sommes-nous ici proches de ce qui fut la base de l'idée de "dialectique de la nature"[1].»

Il est plus que temps, si on veut faire revivre la tradition issue de Marx et Engels, d'abandonner l'idée d'un

---

1. Ilya Prigogine et Isabelle Stengers, *Entre le temps et l'éternité*, Flammarion, «Champs», 1992, p. 181.

«marxisme» comme conception globale de la nature
et de la société humaine, c'est-à-dire en réalité comme
système métaphysique, pour revenir au travail précis des
«pères fondateurs» afin d'en faire l'inventaire. C'est le seul
moyen de rendre à Engels la place qui lui est due: non
celle d'un doctrinaire producteur de systèmes (fussent-ils
«dialectiques»), mais celle d'un penseur puissant à qui il
est arrivé, comme à tout le monde, de se fourvoyer mais
dont certaines vues pénétrantes pourraient se révéler fort
utiles aujourd'hui.

Marxistes hérétiques...

Il faudrait faire ici l'inventaire (impossible) des
marxismes. Nous nous contenterons, en n'ignorant pas
les partis pris qui président à ce choix, de donner quelques
indications.

L'Italien Antonio Labriola (1843-1904) appartient à la
même génération que les Kautsky, Mehring, Plekhanov.
Mais il a une position un peu différente: il joue un rôle
important dans la philosophie italienne; ami personnel
d'Engels, il a des interlocuteurs inclassables comme Georges
Sorel[1] et il imprimera au marxisme en Italie un cours particulier. Philosophe idéaliste (mais opposé au kantisme),
disciple de Spaventa, il se rapproche de Marx et du marxisme
sur le tard. Maître de Benedetto Croce (1866-1952) et de
Giovanni Gentile[2] (1875-1944), il aura, à travers eux une
importante influence sur Antonio Gramsci (1891-1937),

1. Proche de l'anarchosyndicalisme français, Sorel diagnos-
tique «la décomposition du marxisme» dès 1908 (*La Décomposition du marxisme*, Bibliothèque du mouvement socialiste,
III, Librairie des sciences politiques et sociales Marcel Rivière).
2. De Gentile, on lira avec profit *La Philosophie de Marx*,
traduit de l'italien par Gérard Granel et André Tosel, éditions
Trans-Europe-Repress, 1995 (bilingue).

l'un des auteurs marxistes les plus originaux et les plus intéressants, en particulier par la place qu'il accorde à la culture et aux institutions politiques dans sa réflexion sur la transformation sociale. C'est à Labriola, d'ailleurs, que Gramsci emprunte l'expression «philosophie de la *praxis*» pour caractériser la pensée de Marx. Labriola polémique contre ce matérialisme positiviste qui veut fonder l'histoire dans une philosophie de la matière physique, dans cette «dialectique de la nature» qu'Engels a essayé de produire. Labriola s'exprime ainsi à propos de la tendance à «naturaliser» l'histoire : «Or, ce terme de *naturaliser* a amené plus d'un esprit à confondre cet ordre de problèmes avec un autre ordre de problèmes, c'est-à-dire à étendre à l'histoire les lois et les façons de penser qui ont paru déjà propres à l'étude et à l'explication du monde naturel en général, et du monde animal en particulier. Et parce que le darwinisme est parvenu à emporter, grâce au principe du transformisme des espèces, la dernière citadelle de la fixité métaphysique des choses, et à voir dans les organismes comme les phases et les moments d'une *histoire naturelle* véritable et propre, on s'est imaginé que c'était une entreprise banale et simple que d'emprunter, pour expliquer le devenir et la vie humaine historiques, les concepts et les principes et les manières de voir auxquels est subordonnée la vie animale, qui, par suite des conditions immédiates de la lutte pour l'existence, se déroule dans des milieux topographiques non modifiés par l'action du travail. Le *darwinisme politique et social* a envahi, comme une épidémie, depuis de longues années, l'esprit de plus d'un penseur, et plus encore des avocats et des déclamateurs de la sociologie, et il s'est réfléchi, comme une habitude à la mode et comme un courant phraséologique, même dans le langage quotidien des politiciens[1].» En ce sens, Labriola se rapproche plus

---

1. Antonio Labriola, *Essai sur la conception matérialiste de l'histoire, IIᵉ partie, chap. IV*. Ce texte est disponible sur le site de

nettement de ce que Perry Anderson nomme le «marxisme occidental» et il donne cette coloration si particulière au marxisme italien, ce «Marx en italiques» ainsi qu'André Tosel l'appelle joliment[1].

Antonio Gramsci est le grand nom du marxisme en Italie. Fondateur du PCI, il a pratiquement terminé sa vie dans les geôles du fascisme[2]. Attentif aux questions proprement politiques, il réfléchit en termes stratégiques. À la révolution sur le modèle de la révolution russe, qu'il nomme guerre de mouvement, il oppose la stratégie qui devrait prévaloir dans les pays capitalistes anciens, une stratégie de guerre de positions. Au centre de cette stratégie se pose la question de l'hégémonie avec toute sa dimension culturelle. Il met progressivement en pièces les conceptions schématiques de l'histoire résumée à la lutte des classes, intègre les questions nationales et se préoccupe du rôle de la religion – encore si important en Italie. Les *Cahiers de prison* restent, en dépit de leur caractère fragmentaire, presque aphoristique parfois, un grand texte de philosophie, dialoguant en permanence avec Gentile, Croce ou Sorel.

Il y a par ailleurs en Italie un marxisme atypique qui fait toujours le pont entre la tradition philosophique et la critique marxienne. Galvano della Volpe (1895-1968) pense Marx beaucoup plus dans les catégories héritées de Rousseau et Kant que dans le rapport à Hegel. Disciple de Della Volpe, Lucio Colletti (1924-2001) pousse jusqu'à son terme la reconstruction de la pensée de Marx en faisant de la rupture avec l'hégélianisme le point crucial. Ludovico

---

l'UQAC, «Classiques des sciences sociales». La dernière édition française du livre de Labriola est celle de 1970 aux éditions *Les Archives contemporaines*.

1. Voir André Tosel, *Marx en italiques*, Trans-Europe-Repress, 1991.

2. Il ne fut libéré pour raisons de santé que quelques semaines avant sa mort.

Geymonat (1908-1991), philosophe des sciences, lie le matérialisme marxien au positivisme logique dont il sera un des défenseurs italiens. On citera encore des auteurs plus récents comme Costanzo Preve (1943-2013) et Diego Fusaro (né en 1983).

À l'intérieur de la première génération des marxistes après Marx, il faudrait aussi faire sa place à «l'austro-marxisme»: les théoriciens autrichiens de la social-démocratie (SPÖ) se démarquent assez nettement des Allemands, là aussi, par le refus d'aligner les sciences sociales sur les sciences de la nature et par le refus de mouler le marxisme dans un cadre philosophique strict. Otto Bauer (1881-1935), dirigeant politique du SPÖ, est l'auteur d'une contribution originale sur *La Question des nationalités et la Social-Démocratie*, inspirée par l'expérience politique complexe de la monarchie austro-hongroise. Max Adler (1873-1917), juriste, philosophe, dirigeant socialiste, prend ses distances avec le «matérialisme dialectique» engelsien et défend une interprétation de la dialectique comme méthode des sciences sociales (et non comme logique de l'être historique). Polémiquant avec Hans Kelsen, il tente de construire une théorie marxiste de l'État: il distingue la démocratie politique comme organisation de la domination de la classe bourgeoise et la démocratie sociale conquise par les ouvriers dans la lutte des classes. Avec Rudolf Hilferding, il a lancé en 1904 les *Marx Studien*. L'austromarxisme inspire dans les années 1960 les courants de la «nouvelle gauche» qui essaieront de penser la transformation sociale en termes de réformes de structures.

La première critique systématique du «marxisme orthodoxe» est l'œuvre de Lukács et de Korsch. Dans *Histoire et conscience de classe*, György Lukács (1885-1971) commence par rejeter tout le contenu de savoir positif du marxisme. «L'orthodoxie en matière de marxisme se réfère [...] exclusivement à la méthode», affirme-t-il. Il s'agit donc de restaurer dans toute son acuité la méthode dialectique en se plaçant du «point de vue de la totalité». Lukács situe la critique marxienne de Hegel dans «la suite et la continuation directe de la critique que Hegel lui-même a exercée contre Kant et Fichte». Accusé d'idéalisme par les dirigeants communistes, Lukács finira par se rétracter et faire son autocritique.

Karl Korsch (1886-1961), lui aussi, tente de renouer avec un Marx hégélien par-dessus le positivisme scientiste de la pensée officielle des milieux dirigeants du mouvement socialiste et communiste. Il renvoie dos à dos le «marxisme orthodoxe» de Kautsky et le révisionnisme de Bernstein. Le programme de Korsch est de «[...] remettre en valeur le *côté philosophique du marxisme* par contraste avec le dédain qu'avaient précédemment manifesté, sous diverses formes mais avec le même résultat, les divers courants du marxisme envers les éléments philosophiques révolutionnaires de la doctrine de Marx-Engels[1]». La théorie de Marx s'oppose quant à l'orientation à la «philosophie idéaliste bourgeoise», puisqu'elle est une critique de la société existante, mais elle «s'en différencie peu si l'on considère sa nature théorique[2]». Korsch porte un diagnostic sévère sur l'évolution du marxisme et sa transformation de théorie critique en fatalisme et en naturalisme. Le marxisme comme idéologie révolutionnaire est mort, dit encore Korsch. Mais, pour lui, la nouvelle théorie qui doit émerger sera une continuation de celle de Marx et Engels.

Les années 1920 et 1930 voient l'apparition d'un autre courant original, qui se cristallise d'abord autour de l'Institut de recherche en sciences sociales (Institute für Sozialforschung) de Francfort. Theodor Adorno (1903-1969),

---

1. Karl Korsch, *Marxisme et philosophie*, éditions de Minuit, 1964, p. 39.
2. *Ibid.*, p. 109.

Introduction à la pensée de Marx

Max Horkheimer (1895-1973), Erich Fromm (1900-1980), Herbert Marcuse (1898-1979), Walter Benjamin (1892-1940) puis une génération plus tard Jürgen Habermas (né en 1929) : ils sont philosophes, sociologues, psychanalystes, souvent plus intéressés par l'esthétique ou la littérature que par l'économie. Ils combinent une inspiration « marxiste », l'apport freudien et un vaste projet d'enquête de terrain pour tenter de comprendre les mécanismes de la domination et de la soumission à l'autorité, afin de construire une théorie critique[1] qui aille au-delà de Marx.

Le rapport des penseurs de l'École de Francfort avec Marx est très lâche. Ce ne sont pas des « marxologues » ni des propagandistes du marxisme. Marcuse a été, très jeune, un militant révolutionnaire spartakiste et restera un critique virulent de la société capitaliste dans les dernières années de sa vie. Mais Adorno et Horkheimer sont surtout des intellectuels et des chercheurs que l'évolution historique après la Seconde Guerre mondiale rendra beaucoup plus « conservateurs ». Sur le plan théorique, l'influence de Wilhelm Dilthey et Heinrich Rickert, et surtout de Max Weber est très nette. La référence à la conception marxienne de l'idéologie s'orientera ainsi vers une autocritique des sciences sociales et la dénonciation des prétentions d'une certaine sociologie à naturaliser la vie humaine.

Ainsi Marx leur tient lieu de cadre général à l'intérieur duquel ils travaillent pour comprendre les phénomènes sociaux de domination et d'oppression. Pourquoi le fascisme a-t-il pu l'emporter ? C'est la question majeure à laquelle l'École de Francfort sera confrontée – y compris après son transfert aux États-Unis au lendemain de la prise du pouvoir par Hitler. Ne se contentant pas de l'analyse en termes de rapports de production et de domination

1. Voir Max Horkheimer, *Théorie traditionnelle et théorie critique* [1937], Gallimard, 1974.

de classe, ils utilisent l'apport freudien pour faire de la famille une des matrices de la structure autoritaire.

Après la Seconde Guerre mondiale, Theodor W. Adorno, Max Horkheimer et Herbert Marcuse s'attacheront à comprendre les nouveaux modes de fonctionnement du système capitaliste et les formes nouvelles qu'y prend l'aliénation – notamment dans ce qu'on a appelé la «société de consommation[1]». Chez Adorno et Horkheimer, un certain pessimisme historique s'affirme : le marxisme reprenait la croyance des Lumières dans le progrès humain fondé sur la raison. Mais cette raison peut se retourner contre elle-même et engendrer des monstres, comme le XXe siècle l'a montré[2].

Jürgen Habermas n'appartient pas historiquement à l'École de Francfort, mais il en est considéré comme l'héritier, pas tant parce qu'il a été l'assistant d'Adorno que par sa reconstruction de la théorie critique. Il s'intéresse aux nouveaux modes de légitimation du mode de production capitaliste et en particulier au rôle croissant que jouent sur ce plan la science et la technique[3]. Avec *Connaissance et intérêt*, il apporte une contribution à la réflexion sur la validité de la science, et notamment à la compréhension critique des sciences sociales. Enfin, tout le travail de Habermas centré sur l'action communicationnelle, et les conséquences qu'il en tire en ce qui concerne la fixation des systèmes normatifs, est présenté comme une reconstruction du matérialisme historique en essayant de prolonger la réflexion de Marx et de la compléter.

Dans les années 1960 en France, la lecture de Marx

1. Sur ce point, on lira tout particulièrement *L'Homme unidimensionnel* de Herbert Marcuse [1964], éditions de Minuit, 1968.
2. Voir M. Horkheimer et T. W. Adorno, *La Dialectique de la raison* [1947], Gallimard, 1974.
3. Voir J. Habermas, *La Technique et la science comme «idéologie»* [1968], Gallimard, 1973.

initiée par Louis Althusser (1918-1990) va chambouler une marxologie largement dominée par le marxisme officiel (essentiellement sous l'égide du PCF) que Sartre n'est pas parvenu à ébranler. La lecture qu'entreprend Althusser avec Étienne Balibar, Pierre Macherey et Jacques Rancière, dans *Lire le Capital*, l'ouvrage collectif qui est issu de cette aventure intellectuelle, va avoir une influence étonnante sur toute une génération.

En vérité, la nouveauté althussérienne était moins nouvelle qu'on ne l'avait cru, ou que ne le laissait penser le style précieux, énigmatique et jamais avare d'effets rhétoriques du maître. Rétablir le marxisme dans la dignité de science, mais à la façon nouvelle dont on concevait alors la science, à l'époque de la grande mode structuraliste, construire la philosophie qui manque à Marx, tout cela n'était pas très nouveau, finalement, pas plus que les coups de chapeau à Auguste Comte, « le seul esprit digne d'intérêt » qu'ait produit la philosophie française dans les cent trente ans qui ont suivi la Révolution française[1], ni qu'un étrange hommage aux vertus théoriques de Staline...

Au-delà des orthodoxies et des écoles, il y aurait encore beaucoup de noms à citer, de travaux à évoquer. Par exemple, la figure atypique d'Ernst Bloch (1885-1977) qu'on pourrait par certains aspects rattacher à l'École de Francfort, alors même qu'il s'y oppose souvent : son premier ouvrage, *L'Esprit de l'utopie*[2], publié au début des années 1920 influencera Adorno et Benjamin. Marxisme singulier que celui de ce philosophe hétérodoxe, qui cherche dans l'histoire de l'humanité cette aspiration à l'émancipation dont la théorie de Marx est la dernière

---

1. Louis Althusser, *Pour Marx*, Maspero, 1965, p. 16 (La Découverte, 2005).
2. En français, chez Gallimard, « Bibliothèque de philosophie », 1977.

figure en date. Bloch fait droit à l'utopie[1] et prend au sérieux la religion, principalement la religion chrétienne dont Marx disait qu'elle est «la *protestation* contre la misère réelle» ou encore «le soupir de la créature accablée par le malheur, l'âme d'un monde sans cœur, de même qu'elle est l'esprit d'une époque sans esprit[2]».

Nous ne pouvons pas conclure ce tour d'horizon, trop sommaire et soumis naturellement à nos partis pris, sans parler des animateurs de *Socialisme ou barbarie*, une petite revue issue du trotskisme, mais dont les analyses et l'influence intellectuelle sont sans commune mesure avec sa diffusion. Cornélius Castoriadis (1922-1997), jeune militant dans la résistance en Grèce, rompt avec le trotskisme, à la fin des années 1940, parce qu'il est en désaccord sur la caractérisation de l'URSS comme «État ouvrier» et sur la conception léniniste du parti. Dans *Socialisme ou barbarie*, il publiera, en compagnie de Claude Lefort, de nombreuses et pénétrantes analyses sur la société bureaucratique. Auteur prolixe, psychanalyste et connaisseur de la philosophie grecque antique – Aristote reste pour lui le philosophe par excellence –, Castoriadis procède à un réexamen d'ensemble du marxisme dans *L'Institution imaginaire de la société*[3].

---

1. C'est le fil directeur de son œuvre majeure, *Le Principe espérance*, Gallimard, 1976.
2. K. Marx, *Pour une critique de la philosophie du droit de Hegel*, in *Œuvres* III, *op. cit.*, p. 383.
3. Éditions du Seuil, 1975.

10

L'actualité de la pensée de Marx

> « Quand la philosophie peint son gris sur gris,
> c'est qu'une figure de la vie est devenue vieille, et
> on ne peut pas la rajeunir avec du gris sur gris,
> mais on peut seulement la connaître ; la chouette
> de Minerve ne prend son vol qu'à la tombée du
> crépuscule. »
>
> Hegel, *Principes de la philosophie du droit*.

Il reste des « élèves de Marx », mais le marxisme est mort. La social-démocratie s'en est débarrassée depuis longtemps (congrès de Bad-Godesberg en 1959 pour la SPD), les pays du « socialisme réellement existant » sont devenus des pays capitalistes comme les autres, y compris quand ils sont dirigés par un « parti communiste » comme en Chine.

Mais la mort du marxisme ne scelle pas le destin de Marx. Les prédictions théoriques de Marx trouvent dans le monde contemporain une confirmation éclatante, même si c'est sous des formes tout à fait inattendues. Ces confirmations expérimentales indiquent que la théorie de Marx pourrait bien être une excellente clé pour déchiffrer notre présent et envisager les futurs possibles. Cela suppose deux conditions :

1. Ne pas demander à Marx plus qu'il ne peut donner, c'est-à-dire refuser d'en faire une théorie globale qui puisse avoir raison de toutes les questions posées par la condition humaine ;

2. Prendre au sérieux ses concepts fondamentaux pour construire une philosophie de l'économie et une philosophie sociale, ce qui laisse en suspens de nombreux autres domaines comme la philosophie politique et la philosophie des sciences.

La critique de l'économie politique

La science économique (dans sa version officielle dominante, issue de l'économie néoclassique) se présente aujourd'hui comme la science maîtresse dans les sciences sociales ; elle a construit des modèles mathématiques et largement étendu ses présuppositions et ses problématiques aux autres domaines des sciences sociales – la théorie du choix rationnel en sociologie, la théorie du marchandage dans la théorie du droit, etc. – et ses spécialistes sont les experts chéris des médias et des dirigeants politiques. Il y a certes une minorité de chercheurs en science économique qui ne partagent pas l'arrogance des hérauts de cette prétendue science. Steve Keen a ainsi mis en pièces les prétentions scientifiques de nombre de ses collègues dans *L'Imposture économique*[1]. Il y a une critique interne au champ de la science économique, une critique si radicale parfois qu'elle indique bien que nous sommes ici dans quelque chose de profondément différent des discussions qui existent entre différents chercheurs dans les sciences de la nature.

1. Éditions de l'Atelier, 2014.

Mais il reste un impensé : quel est l'objet même de cette science économique à laquelle certains veulent redonner son ancien nom, plus juste et plus modeste d'économie politique ? Quelle est la nature de cette réalité qu'on appelle « économie » ? Pour les Anciens, l'économie, conformément à son étymologie, concernait les règles de bon gouvernement de la maisonnée, lesquelles restaient soumises aux principes éthiques qui eux-mêmes s'ancraient dans les lois de la cité. S'il s'agissait d'une science, c'était une science au sens où l'on pouvait dire que le charpentier possède une science du bois...

Ce que montre Marx, c'est que l'économie ne devient économie politique, et sort du rôle subalterne qui était le sien, qu'avec le développement de la marchandise et la transformation de l'argent en capital. Autrement dit, et contrairement aux affirmations infondées qui considèrent la pensée de Marx comme un « économisme » ou un « économicisme », l'économie n'est pas le fondement de la vie sociale, mais une forme historique qui ne devient dominante qu'à une certaine époque. Ce n'est qu'à une certaine époque historique que se forment les catégories économiques dans lesquelles sont pensés ces rapports sociaux. L'économie dans tous les sens du mot n'est pas fondatrice mais doit être fondée. Évidemment, produire pour assurer la subsistance de chacun, s'enrichir pour disposer de choses qui procurent du plaisir ou du prestige, tout cela est aussi vieux que l'humanité. Mais il ne s'agissait pas d'économie au sens où nous employons ce mot aujourd'hui. En quoi pourrait-on qualifier d'économique la construction d'une pyramide pour y enterrer le pharaon ? Des auteurs comme Karl Polanyi ont bien montré comment ce que nous appelons économie était encastré dans l'ensemble de la vie sociale et que l'avènement du mode de production capitaliste a consisté en quelque sorte à désencastrer l'économie. Le marché libre n'est nullement la forme d'organisation naturelle des activités de production des choses nécessaires à la vie, mais il a au contraire été construit par la force avec tous les moyens des États, ainsi que Marx le montre dans le chapitre du livre I du *Capital* consacré à « l'accumulation initiale ».

Marx n'aurait peut-être pas approuvé l'affirmation selon laquelle la science économique n'est qu'un ensemble de techniques permettant aux puissants et aux malins d'escroquer les plus démunis et de s'enrichir à leurs dépens. Mais s'il révérait les classiques comme Smith et Ricardo pour avoir apporté des lumières décisives dans la compréhension de la société moderne, il considérait que l'économie politique avait épuisé ses ressources intellectuelles et qu'elle s'était transformée en simple apologie du règne de la bourgeoisie. C'est précisément le rôle attribué à la critique de l'économie politique : déterminer les conditions de possibilité et la validité de ce genre de savoir qu'on appelait « économie politique » hier et « science économique » aujourd'hui.

Pour comprendre où nous en sommes sur ce plan et ce que Marx a encore à nous dire, prenons l'exemple de la théorie dite « néoclassique », absolument dominante dans toutes ses variantes et qui voudrait s'imposer comme la Science et la nouvelle Vérité – au point que certains de ses thuriféraires voudraient exclure de l'enseignement à l'Université toutes les autres théories. Cette théorie repose sur un postulat à partir duquel sont construits ses différents modèles. Mais ce postulat n'est pas un postulat économique puisqu'il ne concerne rien moins que la nature humaine – quoique de nombreux économistes soient tout prêts à affirmer qu'eux seuls connaissent vraiment la nature humaine. On demande en effet – et toute la scientificité de la science économique néoclassique est suspendue à cela – d'admettre que l'homme est un individu uniquement soucieux de lui-même et occupé à calculer les moyens permettant de maximiser son utilité (son plaisir, sa richesse, ses possessions matérielles ou symboliques, etc.). Cette conception de l'homme, prétend-on, est la seule conforme aux droits de l'homme qui considèrent que les individus sont libres et égaux en droit. Ni envieux ni altruiste, ce «maximisateur rationnel» est prévisible dans ses comportements et on peut sur cette base construire une véritable science économique prédictive. Ce postulat qui définit l'homme comme *Homo œconomicus* n'est pas une invention des économistes contemporains. Il remonte au fond à l'émergence, au XVIIe siècle, des théories du contrat social, corollaire du concept d'homme à l'état de nature opposé à l'homme dans l'état civil. La récusation radicale (chez Hobbes, par exemple) de la définition de l'homme comme animal politique ou animal social ouvre la voie à une conception de la vie sociale comme condition choisie parce que les hommes y trouvent leur bien propre, c'est-à-dire leur utilité. Mais les hommes restent des individus, séparés les uns des autres, en rivalité essentielle. La libre concurrence et l'économie de marché donnent une forme civilisée à cette rivalité – le thème classique du commerce civilisateur – et, en vertu de l'harmonie préétablie, cette concurrence produit l'optimal pour chacun d'entre nous. Si donc les choses tournent mal, la faute ne peut pas en être à la théorie, mais aux péchés humains : on n'a pas respecté les règles de la concurrence. Et s'il y a des individus qui s'en sortent mieux que d'autres, les premiers sont récompensés pour leur talent et les derniers ne peuvent s'en prendre qu'à eux-mêmes.

Une telle façon de voir les choses est en adéquation avec une organisation sociale qui repose sur la concurrence que les producteurs se font entre eux et sur la concurrence que se font les ouvriers pour vendre leur force de travail (ce qui est la définition marxienne du salariat). Elle n'est pas une invention de propagandistes malfaisants puisqu'elle est tout simplement la perception que les acteurs ont d'une réalité où toutes les relations sociales sont ramenées à des relations marchandes, et donc entièrement mystifiées par le caractère fétiche de la marchandise. Mais cette conception du monde est radicalement fausse. L'expérience quotidienne aussi bien que les apports de la psychologie démontrent à l'envi que l'homme est tout sauf un maximisateur rationnel tant les passions les plus absurdes et les plus contraires à son intérêt le gouvernent ! Il est envieux aussi bien qu'altruiste et peut tout sacrifier pour une cause qu'il croit juste, sa vie y compris. Il n'est évidemment pas non plus un individu qui peut mener une existence séparée de celle des autres. Et contre cette fiction de l'homme comme atome égoïste, c'est bien Marx qui a raison de soutenir que l'individu est l'ensemble de ses rapports sociaux.

La conception économique dominante est non seulement fausse, mais aussi mystifiante – parce que produite par une conscience mystifiée – puisqu'elle représente comme égaux des individus inégaux : l'acheteur et le vendeur de force de travail sont des individus égaux en droits ! Et de ce point de vue Marx a parfaitement raison de définir l'idéologie des droits de l'homme comme la réduction de l'homme au bourgeois égoïste. La mystification atteint aujourd'hui son paroxysme. Quand on remplace le « personnel » par les « ressources humaines », on dit clairement que le salarié n'est pas une personne, mais une ressource comme toutes les autres choses qu'on doit engloutir dans le processus de production. La réification est si totale qu'elle peut même s'énoncer comme telle sans que cela choque les âmes sensibles. Le vocabulaire courant est pénétré du point de vue de la « science économique » officielle. Ainsi, au dictionnaire des idées de reçues, à l'entrée « travail » il convient de déplorer « coût du travail », synonyme de « charge salariale ». Dans le monde de la concurrence, le salaire est toujours une charge toujours trop élevée – l'idéal serait de ramener les « coûts salariaux » à zéro. Mais dans le monde réel, c'est le travail seul qui produit de la valeur. Si notre capitaliste était débarrassé de ses « charges salariales », il serait par la même occasion débarrassé des ennuis de la production ! C'est à peine une plaisanterie : le dirigeant d'une grande multinationale française avait avancé, au début des années 2000, le concept d'entreprise sans usine (*fabless*)… ce qui lui avait valu d'être décoré par le prix du « manager de l'année », un peu avant de conduire son entreprise à la faillite.

Le projet marxien d'une critique de l'économie politique est donc d'une actualité brûlante. Il s'agit bien encore de mettre à nu les fondements sociaux des discours idéologiques, qui s'imposent aux acteurs, à leur insu. Il s'agit de tourner le dos à une pseudo-science pour revenir à un savoir réel, incluant toutes les dimensions historiques, sociales, psychologiques de la vie humaine.

La valeur prédictive des analyses de Marx

Bien qu'il s'agisse d'une science un peu particulière, on peut néanmoins essayer d'appliquer à la théorie marxienne les critères que l'on applique généralement pour tester la validité d'une théorie : les prédictions déduites de la théorie sont-elles vérifiées expérimentalement ? S'il appuie ses analyses sur les données empiriques de l'époque, s'il accumule un énorme matériau historique, Marx n'a pas fait la description du capitalisme de son époque ; il a, au contraire, cherché à construire un modèle de capitalisme pur, une sorte d'*idealtype* pour employer le vocabulaire de Weber, construit par abstraction. Mais le mode de production capitaliste pur n'existe nulle part et encore moins à l'époque de Marx qu'à la nôtre. Il n'y a pas à proprement parler d'expérimentation pure qui permettrait d'isoler l'objet de l'expérience des « perturbations » extérieures. Des événements comme les guerres, les révolutions ou les transformations naturelles (climat, par exemple) concourent à donner sa physionomie à la réalité et c'est seulement au prix d'un effort analytique difficile que l'on peut dire si l'expérience a ou non confirmé les prédictions du modèle théorique.

Ces précautions étant prises, on pourrait dire, après tout, que l'effondrement du régime soviétique en 1989-1991 a montré la faillite du marxisme. Mais comme nous l'avons vu, ce marxisme n'avait que de lointains rapports avec la pensée de Marx. On pourrait aussi faire remarquer que la classe ouvrière, loin de se renforcer et s'unifier pour engager ses forces contre le capital, s'est fragmentée, en partie «embourgeoisée». L'État n'est nulle part devenu un État ouvrier ou socialiste qui commencerait à dépérir et, somme toute, le capitalisme a plutôt bien tenu le choc. On pourrait même appliquer le schéma dialectique que propose Diego Fusaro[1]. Dans un premier temps, nous avons un capitalisme «abstrait», le capitalisme qui se pose à partir de son commencement. Dans un deuxième temps, le capitalisme se développe et développe en même temps sa négation, le prolétariat. Cette phase dialectique s'exprime dans la conscience malheureuse sur le plan philosophique. Nous aurions atteint aujourd'hui la troisième phase, celle du capitalisme qui «s'impose comme absolu et totalitaire», comme «Totalité réalisée» et qui doit promouvoir idéologiquement la fin de l'histoire, l'épuisement des utopies, la consomption des «grandes narrations», «la mort de la philosophie». Rien de tout cela n'est faux! Mais cette description de la trajectoire du capital à la manière de Hegel n'est pas entièrement convaincante. Nous voudrions montrer que l'analyse que propose Marx de la dynamique du mode de production capitaliste a été complètement confirmée par l'expérience

---

1. Voir notamment Diego Fusaro, *Minima Mercatalia*, Milan, Edizioni Bompiani, 2012.

et même bien plus confirmée que cela n'a été le cas pour les théories concurrentes. Après tout, même les théoriciens les plus conséquents du libéralisme (qu'on appelle plutôt néolibéralisme) annoncent l'extinction de l'État-nation et l'abolition du patronat et du salariat (tous entrepreneurs de soi-même!).

Globalement, Marx a bien compris la dynamique d'ensemble du mode de production capitaliste. Après la crise de 2007-2008, il a d'ailleurs connu un retour de popularité inattendu. On y a découvert un penseur de la mondialisation et un penseur des crises de surproduction. Marx a écrit à une époque où le rôle de la finance était encore relativement faible, il a montré le développement du «capital fictif» et de toutes formes de monnaie de crédit qui allaient devenir le moteur du mouvement du capital en général. Son analyse des transformations technologiques, de leurs causes et de leurs conséquences parle encore de nous. La production d'une surpopulation ouvrière comme conséquence même de l'accumulation capitaliste est notre présent. Comme le sont les potentialités ouvertes pour penser une société vivable en prenant appui sur les acquis historiques de l'humanité jusqu'à notre époque.

Les crises récentes se manifestent d'abord comme une crise financière, mais la racine de la crise financière est dans la crise de surproduction, non pas de marchandise mais de capital. Les crises montrent à l'évidence les limites infranchissables au développement de la «financiarisation» de l'économie. La domination de la finance et ses à côtés, comme la spéculation et finalement la constitution d'un marché financier unifié à l'échelle du monde, ne sont pas des processus mystérieux. Il s'agit du développement du «capital fictif» dont les titres d'emprunt d'État constituèrent longtemps la forme la plus achevée, mais qui a trouvé des voies nouvelles avec l'essor inouï du marché des «produits dérivés». Le capital financier peut se diviser en deux catégories qu'on confond habituellement et qui, néanmoins, sont, quant à leur nature, radicalement différentes :

1. Les emprunts à moyen et long terme qui financent des investissements productifs et dont l'intérêt qu'ils rapportent n'est au fond qu'un prélèvement sur la plus-value produite dans le procès de production.

2. Le capital « fictif » qui est représenté par les créances échangeables contre des engagements futurs de trésorerie dont la valeur est entièrement dérivée de la capitalisation de revenu anticipé sans contrepartie directe en capital productif.

Le « capital fictif » se fonde sur une opération intellectuelle rétrospective, qui suppose une inversion des moyens et des fins, opération propre au processus de production des représentations idéologiques. « Le revenu monétaire est d'abord transformé en intérêt, et, à partir de là, on trouve également le capital qui en est la source[1]. » Marx se contente ici de décrire le fonctionnement concret du mode de production capitaliste. Ainsi le prix de vente d'un bien immobilier est-il calculé en considérant que ce bien est un capital portant intérêt, ce dernier étant représenté par le loyer. Mais ce processus a une conséquence importante : « Toute somme de valeur apparaît comme capital, dès lors qu'elle n'est pas dépensée comme revenu ; elle apparaît comme somme principale par contraste avec l'intérêt possible ou réel qu'elle est à même de produire[2]. » L'exemple de la dette de l'État est particulièrement éclairant quant aux conséquences de ce processus : « L'État doit payer chaque année, à ses créanciers, une certaine somme d'intérêts pour le capital emprunté. Dans ce cas le créancier ne peut pas résilier son prêt, mais il peut vendre sa créance, le titre qui lui en assure la propriété. Le capital lui-même a été consommé, dépensé par l'État.

1. *Le Capital*, livre III, in *Œuvres* II, *op. cit.*, p. 1161.
2. *Ibid.*

Il n'existe plus.» Ce que possède le créancier, c'est (1) un titre de propriété, (2) ce qui en découle, à savoir un droit à un prélèvement annuel sur le produit des impôts, et (3) le droit de vendre ce titre. «Mais dans tous ces cas, le capital qui est censé produire un rejeton (intérêt), le versement de l'État, est un capital illusoire, fictif. C'est que la somme prêtée à l'État, non seulement n'existe plus, mais elle n'a jamais été destinée à être dépensée comme capital[1].» Pour le créancier, prêter de l'argent à l'État pour obtenir une part du produit de l'impôt ou prêter de l'argent à un industriel moyennant un intérêt prélevé sur le profit ou encore acheter des actions en vue de toucher des dividendes, ce sont des opérations équivalentes. «Mais le capital de la dette publique n'en est pas moins purement fictif, et le jour où les obligations deviennent invendables, c'en est fini même de l'apparence de ce capital[2].»

Le «capital monétaire fictif» comprend toutes les variétés de titres monétaires portant intérêt dans la mesure où ils circulent à la Bourse, ainsi que les actions. Il faut ajouter les multiples «nouveaux produits financiers» qui tous, sous une forme ou sous une autre, visent à «titriser» le crédit et à faire circuler les titres de créance comme du capital. Dans cette catégorie, on doit évidemment faire entrer les «produits à haut risque», tels les *junk bonds*, obligations d'un rapport élevé dans la mesure où elles sont assises sur des créances douteuses. Les *subprimes* à l'origine de la crise de 2007-2008 rentrent aussi dans la même catégorie: il s'agit de la «titrisation» de dettes douteuses – liées à l'endettement des ménages pauvres pour l'achat de leur maison. Les ménages incapables de faire face à une dette à taux progressif sont contraints de vendre leur bien et on escompte que la saisie et la revente

1. *Ibid.*
2. *Ibid.*

de ce bien procurera un bon « retour sur investissement », étant donné que le marché immobilier est censé être en hausse continuelle. Le système a fonctionné jusqu'au moment où l'endettement des ménages a provoqué des saisies massives de maisons impayées qu'il fallait revendre sur un marché engorgé. Les faillites des particuliers ont ainsi entraîné les faillites des organismes de crédit, et la crise s'est propagée dans un système financier drogué aux produits dérivés (en 2005, le montant des transactions sur le marché des produits dérivés s'élevait à près de trente fois le montant des transactions sur les marchés financiers « normaux »). Mais si la machine s'est enrayée, c'est parce que ce qu'on appelle « l'économie réelle » (comme si, du point de vue capitaliste, la spéculation sur les marchés financiers était de l'économie irréelle !) ne parvient plus à produire avec un taux de profit suffisant.

La crise est le *memento mori* du capital, dit Marx, parce qu'elle met en lumière les contradictions du mode de production capitaliste qui ne peut se survivre que par l'accumulation continue du capital, par sa reproduction sur une échelle toujours plus large et qui, dans le même temps, voit se dresser devant lui une barrière insurmontable, le capital lui-même. Pour autant, Marx n'a jamais prédit une quelconque « crise finale » et donc les discours des « spécialistes » contre le « catastrophisme marxiste » ne visaient qu'un adversaire fantomatique, mais certainement pas Marx. Le mode de production capitaliste ne peut pas disparaître de lui-même à la suite d'une prétendue « crise finale », puisque seule une transformation radicale des rapports sociaux peut mettre à bas le vieux monde et ouvrir la voie vers une société communiste. Ce n'est donc pas dans la dynamique soi-disant autonome des « lois économiques » qu'il faut chercher à prédire l'avenir. Les lois économiques ne sont que l'expression théorique des rapports sociaux, disait déjà Marx dans *Misère de la philosophie*.

L'analyse de la crise systémique du capital nous permet de montrer en quoi les concepts de Marx sont toujours aussi efficaces pour comprendre le capitalisme d'aujourd'hui. Peut-être même sont-ils plus efficaces précisément parce que le capitalisme est devenu « absolu », il n'a plus à composer avec les formes sociales anciennes. Le monde est son espace. Et les transformations sociales, culturelles et morales auxquelles nous avons assisté à un rythme accéléré au cours du dernier demi-siècle peuvent trouver une explication dans la dynamique même du capital. Le poids des institutions financières, du crédit et des sociétés par actions a progressivement marginalisé la bourgeoisie traditionnelle, fondée sur un patrimoine héréditaire et la direction des entreprises. Le capital aujourd'hui appartient d'abord à des fonds de placement qui centralisent les avoirs de gens qui ignorent où leur argent est placé et déplacé en fonction des opportunités, la famille devient un obstacle à cette fluidité qu'exige désormais le capital. Toutes les règles morales anciennes sont autant de barrière à faire sauter, comme l'indiquait déjà Marx dans *Le Capital*, pour réduire les humains à des vendeurs de force de travail interchangeables et des consommateurs formatés par l'appareil publicitaire. Et le rapport au passé qui permettait d'asseoir la légitimité des anciennes classes possédantes est désormais un fardeau que l'homme moderne ne peut plus porter. Du passé, faisons table rase ! Les paroles de *L'Internationale* sont devenues le mot d'ordre du capitalisme...

La prédiction centrale de Marx, cependant, concerne la condamnation historique du mode de production capitaliste. Mais de crise finale en crise finale, le capital résiste ! Pourtant de plus en plus nombreux sont les auteurs qui, sans être allés à l'école de Marx, considèrent que ce mode de production est d'ores et déjà historiquement condamné et que son triomphe « définitif » dans les années 1990 annonçait en réalité son déclin irrémédiable.

Les contradictions fondamentales du mode de production capitaliste se manifestent avec une clarté absolue. La concentration des richesses à un pôle de la société (les fameux 1 % contre les 99 %) est devenue un lieu commun qui inquiète même les partisans les plus décidés du capitalisme. Des institutions aussi peu suspectes de sympathies « marxistes » que la NASA ou le FMI multiplient les rapports qui mettent en garde contre la croissance accélérée des inégalités.

Sous le titre *Le capitalisme a-t-il un avenir ?* (La Découverte, 2014), Immanuel Wallerstein, Randall Collins, Michael Mann, Georgi Derluguian et Craig Calhoun publient cinq essais qui tentent de scruter l'avenir du mode de production capitaliste vieux de quatre ou cinq siècles. Il s'agit d'explorer les perspectives à l'horizon de quelques décennies en s'appuyant sur la sociologie historique, sur les traditions de Marx, Weber ou Braudel. Les auteurs divergent et sur l'analyse des facteurs à prendre en compte et sur les perspectives. Les deux premiers (Wallerstein et Collins) estiment que le capitalisme est condamné à l'horizon de trente ou quarante ans. Wallerstein appuie son analyse sur l'impossibilité d'une accumulation illimitée du capital et l'épuisement des ressources dont le capitalisme a pu se servir pour résoudre ses crises antérieures. Collins souligne le rôle central de l'innovation technologique qui devrait entraîner la disparition des couches moyennes intellectuelles – dans les secteurs comme l'informatique ou les services financiers –, la dernière vague de destruction avait touché l'emploi industriel traditionnel, comme la sidérurgie ou l'automobile, la prochaine destruction touchera la « high tech » précisément en raison des progrès technologiques. Le point commun à toutes ces approches est de considérer que le principe même du mode de production capitaliste, à savoir l'accumulation illimitée du capital, est autocontradictoire. Marx saisit tout cela, mais parfois encore abstraitement. S'il voit bien que le capital détruit les deux sources de la richesse que sont la terre et le travail, il ne pense pas que la limitation des ressources naturelles puisse devenir un facteur décisif. Mais c'est pourtant ce qui arrive maintenant. Il y a un autre facteur que la plupart des auteurs laissent dans l'ombre, le facteur démographique. La croissance du capitalisme au cours des deux derniers siècles a produit et s'est appuyée sur une croissance démographique inouïe dans toute l'histoire de l'humanité. Si, comme les optimistes le pensent, la population mondiale se stabilise autour des années 2050, alors on peut conjecturer la fin de la croissance capitaliste et une période de stagnation qui n'est rien d'autre que la mort de ce système.

En résumé nous n'avons pas moins mais plus de raisons que Marx de penser que le mode de production capitaliste est historiquement condamné. À quoi cédera-t-il la place ? Le pire reste possible. Mais précisément, avec Marx, nous devons nous rappeler que les hommes font eux-mêmes leur propre histoire.

L'avenir du communisme

L'actualité de Marx peut enfin se lire dans la question du communisme. Le communisme n'est pas mort en 1989-1991 puisque le communisme n'existait pas, selon les dires des dirigeants de ces pays eux-mêmes, en URSS et dans les pays de l'Est. En outre, Marx n'est pas l'inventeur du communisme. Le mot date de bien avant ; il apparaît avec Babeuf aux derniers soubresauts de la Révolution avant le triomphe de Bonaparte. Mais la chose remonte encore plus loin dans notre histoire. Il y a un communisme précapitaliste qui prend plusieurs formes et Marx ne serait que le penseur du communisme de la modernité. Le christianisme primitif est un bon exemple de ce communisme précapitaliste. La *République* de Platon en est un autre. Des thèmes classiques du christianisme se retrouvent dans les tendances révolutionnaires qui se manifestent durant le Moyen Âge, à la Renaissance (la guerre des paysans en Allemagne) et dans les utopies communistes du XIXᵉ siècle, de l'Icarie de Cabet aux phalanstères de Fourier. L'abondance (multiplication des pains, pêche miraculeuse), le partage, le renversement de l'ordre ancien (les marchands chassés du temple, « les premiers seront les derniers ») et la fraternité et l'unité des humains assemblés (*ecclésia*), etc., autant d'idées qui structurent une vision cohérente et de l'humanité et de sa destinée. Le communisme platonicien est un communisme hiérarchique et non égalitaire à la différence du christianisme, mais tout autant pénétré des thèmes de la justice, d'un ordre d'où la violence a été extirpée et du partage. C'est le souci de l'unité et du bien commun qui préside aux *Lois*, et qui explique le refus du commerce et du luxe dans la cité platonicienne.

Marx a pensé le communisme d'une manière radicalement nouvelle en le posant comme le corollaire nécessaire du développement du mode de production capitaliste. C'est pourquoi d'ailleurs *Le Manifeste* contient toute une polémique contre les formes anciennes du socialisme et du communisme. Pour Marx, le communisme découle non pas d'un idéal moral, ni du retour à un passé magnifié – la vie heureuse de ces bergers d'Arcadie que Kant brocardait déjà –, mais de la socialisation croissante de la production, du développement de la science et de la technique, et de la maîtrise croissante de l'homme sur la nature. Mais le communisme de Marx, en même temps, doit accomplir les promesses du mode de production capitaliste, c'est-à-dire l'émancipation radicale des individus. Le communisme traditionnel est égalitaire, organiciste alors que le communisme de Marx est individualiste et son centre n'est pas l'égalité mais la liberté : « l'épanouissement de la puissance humaine qui est sa propre fin, le véritable règne de la liberté», telle est la perspective tracée dans *Le Capital*. Le communisme précapitaliste était pensé comme la fin de l'histoire ou même comme l'antihistoire, celui de Marx est le commencement de la véritable histoire, celle où les hommes ne seront plus soumis à la puissance des produits de l'activité mais pourront conduire librement cette activité.

Mais à part ces grandes généralités, Marx, qui se refusait à faire de la cuisine dans les marmites du futur, n'a pas dit grand-chose de la société communiste de l'avenir. On pourrait le résumer à deux principes :

1. C'est le «mouvement réel», et

2. Sur le drapeau du communisme est écrit «de chacun selon ses capacités et à chacun selon ses besoins». On peut toutefois être un peu plus précis.

Si le prérequis du communisme est la capacité des hommes à maîtriser rationnellement, et de la manière la plus économique qui soit, leurs rapports avec la nature, bref si la planification démocratique de la production en fonction des besoins est nécessaire, c'est plus vrai que jamais au moment où la question de la crise écologique est posée. Peut-être n'est-il ni possible ni souhaitable de planifier toute la production, mais s'impose comme une urgence une planification écologique si nous voulons éviter la catastrophe. Le marché, myope par construction, est incapable de donner les indications nécessaires pour engager les entreprises dans des spéculations risquées dont les résultats ne seront vraiment visibles que dans quelques décennies. Ne reste que la puissance publique, c'est-à-dire la volonté commune de défendre le bien commun.

Cette vision à long terme – encore une fois indispensable si nous voulons que l'humanité puisse continuer dans des conditions humaines – suppose une transformation radicale du «moteur» de la production. Il nous faut partir des besoins et produire pour les besoins – c'est-à-dire produire des valeurs d'usage alors que le capital a pour fin la valeur (d'échange). Si nous produisions des appareils électroménagers si robustes qu'ils dépassent la longueur d'une vie humaine, ce serait finalement une très bonne nouvelle pour les humains et pour la gestion des ressources naturelles, mais une très mauvaise nouvelle pour l'industrie de l'électroménager, ou plutôt pour les actionnaires de ces industries. Revenir au cycle vital, à la téléologie vitale, c'est-à-dire à la production pour les besoins, c'est cela aussi le communisme de Marx.

Quant au slogan «de chacun selon ses capacités, à chacun selon ses besoins», non seulement il n'est pas utopique, mais il est déjà réalisé en partie dans toute société. Ainsi que le montre brillamment David Graeber[1], aucune société humaine ne peut fonctionner qui ne mette plus ou moins en pratique ce principe dans les gestes quotidiens. La sociabilité ne peut, sous peine de disparaître, se réduire à l'échange marchand et au calcul égoïste. Mais au-delà de ce communisme du quotidien dont parle David Graeber, dans tous les États modernes, toute une part de la richesse socialisée est distribuée aux individus en fonction de leurs besoins et on demande à chacun de contribuer selon ses capacités. Dans une société fondée sur l'association des producteurs et la prise en commun des principales décisions (dans une société vraiment démocratique), on pourrait aller bien plus loin et penser que les individus auraient une conscience bien plus aiguë de ce qu'est le bien commun, et, suivant leur goût et leurs aptitudes, les individus pourraient consacrer une partie de leur temps gratuitement au service de la communauté – comme cela se fait déjà tant par les diverses formes de bénévolat que par le partage des compétences,

1. *Dette, 5 000 ans d'histoire*, Les liens qui libèrent, 2013.

comme dans l'informatique avec le logiciel libre ou avec les expériences d'ateliers coopératifs.

Ainsi le communisme de Marx est-il non seulement possible et souhaitable mais sans doute aussi nécessaire. Il faut simplement laisser de côté les rêveries romantiques de prise du Palais d'Hiver, sur le modèle de la révolution d'Octobre, et comprendre la transformation sociale comme un processus de longue durée qui ne peut reposer en dernière analyse que sur l'activité pratique des hommes libres.

Bibliographie

Les œuvres de Marx disponibles en français peuvent se trouver essentiellement chez deux éditeurs:

– Les quatre volumes des œuvres de Marx, publiés chez Gallimard dans la collection «Bibliothèque de la Pléiade», sous la direction de Maximilien Rubel. Une partie de ces textes a été publiée dans la collection de poche «Folio».

– Un certain nombre d'œuvres disponibles aux «nouvelles Éditions sociales» (qui reprennent le fonds des anciennes Éditions sociales). En particulier une nouvelle traduction révisée du livre I du *Capital* sous la direction de Jean-Pierre Lefebvre.

Pour aborder l'œuvre de Marx, on peut d'abord lire quelques œuvres relativement brèves mais essentielles:

– *L'Idéologie allemande. I – Feuerbach*

– *Le Manifeste du parti communiste*

– *Le 18 Brumaire de Louis Bonaparte*

– *La Guerre civile en France*

– *Critique du programme de Gotha*

Les traduction citées ici sont celles de Maximilien Rubel sauf pour *La Guerre civile en France* traduite par Charles Longuet.

On peut ensuite s'armer de patience pour lire le livre I du *Capital* (de préférence dans la traduction de Jean-Pierre Lefebvre).

Pour comprendre Marx

Nous nous permettons de renvoyer à :

– Denis Collin, *Comprendre Marx*, Armand Colin, 2006-2009.

Et à deux ouvrages auxquels nous devons marquer notre dette :

– Michel Henry, *Marx*, Gallimard, 1976, rééd. dans la collection « Tel », 2009.

– Michel Vadée, *Marx, penseur du possible*, nouvelle édition L'Harmattan, 1998.

Pour aller plus loin

Sur l'histoire et les déboires du marxisme :

– Denis Collin, *Le Cauchemar de Marx*, Max Milo, 2009.

– Costanzo Preve, *Histoire critique du marxisme*, trad. Baptiste Eychart, Armand Colin, « U », 2013.

Table

La Théorie de la connaissance chez Marx
L'Harmattan, 1996

La Fin du travail et la mondialisation
Idéologie et réalité sociale
L'Harmattan, 1997

Les Grandes Notions philosophiques
Volume 2. La Justice, le droit
Volume 3. La Société, le pouvoir, l'État
Volume 5. Le Travail et la Technique
Seuil, 1997 et 1999

L'Illusion plurielle
Lattès, 2001

Morale et justice sociale
Seuil, 2001

Questions de morale
Arman Colin, 2003

La Matière et l'esprit
Sciences, philosophie et matérialisme
Armand Colin, 2004

Revive la République !
Armand Colin, 2005

Comprendre Marx
Armand Colin, 2006, 2009

Comprendre Machiavel
Armand Colin, 2008

Le Cauchemar de Karl Marx
Le capitalisme est-il une histoire sans fin ?
Max Milo, 2009

Giambattista Vico et l'histoire
Scéren, 2010

La Longueur de la chaîne
Essai sur la liberté au XXIe siècle
Max Milo, 2011

Comprendre Marx et *Le Capital*
Guide graphique
Max Milo, 2011

À dire vrai
Incursions philosophiques
Armand Colin, 2013

Libre comme Spinoza
Une introduction à la lecture de l'*Éthique*
Max Milo, 2014

Comprendre *Le Prince* de Machiavel
Max Milo, 2015

Court Traité de la servitude religieuse
Pour une théorie critique du fait religieux
L'Harmattan, 2017

Comprendre Herbert Marcuse
Max Milo, 2017

RÉALISATION: PAO ÉDITIONS DU SEUIL
IMPRESSION: NORMANDIE ROTO IMPRESSION S.A.S À LONRAI
DÉPÔT LÉGAL: AVRIL 2018. N° 138456 (1800/96)
Imprimé en France